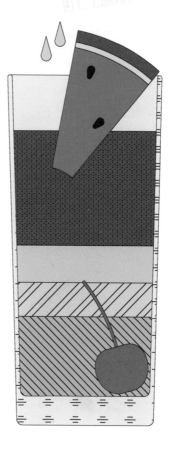

TEQUILA

Mezclar, agitar, remover

Nota del editor
Algunas palabras y expresiones varían en función del país.
He aquí un listado de las equivalencias para México.

albaricoque: chabacano
batidora: licuadora
beicon: tocino
chafar, majar: moler
limón: lima o limón amarillo
lima: limón
majadero: mortero
pomelo: toronja
vaso de chupito: vaso tequilero

La edición original de esta obra ha sido publicada en Reino Unido en 2018, por Hardie Grant Books, sello editorial de Hardie Grant Publishing, con el título

Tequila: Shake, Muddle, Stir

Traducción del inglés
Gemma Fors

Copyright © de la edición original, Hardie Grant Books, 2018
Copyright © del texto, Dan Jones, 2018
Copyright © de las ilustraciones, Daniel Servansky, 2018
Copyright © de la edición española, Cinco Tintas, S.L., 2019
Diagonal, 402 – 08037 Barcelona
www.cincotintas.com

Impreso en China
Depósito legal: B 2.882-2019
Código IBIC: WBXD3

ISBN 978-84-16407-57-6

TEQUILA

Mezclar, agitar, remover

por Dan Jones

ILUSTRACIONES DE DANIEL SERVANSKY

cincotintas

CONTENIDOS

Bienvenido a

TEQUILA

Mezclar, agitar, remover

«Primero, uno toma un trago, luego el trago toma un trago, luego el trago lo toma a uno.» F. Scott Fitzgerald

Son las tres de la madrugada. Está usted a punto de despedirse a la francesa, pero un amigo, con una sonrisa de oreja a oreja, se contonea hacia la pista de baile sosteniendo una bandeja pegajosa cargada con tragos de tequila en vasos de plástico, rodajas de limón resecas y un salero con restos de kétchup. Apura de un trago el suyo con un estremecimiento; le arde la boca y la calidez le embriaga. De repente, es mediodía del día siguiente y, entre analgésicos y dieciocho tazas de café, diminutas bombas de recuerdos le estallan en la cabeza: láseres y remezclas de Ke$ha, un pintalabios con purpurina que tomó prestado de alguien en el baño, desnudez inapropiada, la inscripción a una clase de «Culo 10» a las siete de la mañana y una compra al por mayor de mascarillas faciales de carbón. Ah, y las sábanas están manchadas de salsa picante.

No pasa nada por cerrar los ojos y tomar tequila a tragos, pero existen infinitas maneras maravillosas de disfrutar del mejor licor mexicano. El tequila de calidad admite cientos de aromas y sabores, desde cítricos, menta y hojas verdes hasta almendra, roble y miel, o caramelo, vainilla y cuero, mientras que el mezcal –el primo descarriado del tequila– posee su propio paladar ahumado, terroso, fuerte y delicioso. Tómelo solo con hielo picado o disfrútelo como ingrediente de cócteles extraordinarios.

Tiene en las manos el libro que le enseñará a mezclarlo, agitarlo, removerlo y –sobre todo– tomarlo. Una colección exhaustiva de recetas, infusiones y siropes, elaborados con copas y utensilios básicos o sofisticados, ingredientes maravillosos, bíteres cosquilleantes y los mejores tequilas del mundo, desde los clásicos mexicanos hasta marcas alternativas, jóvenes o descarriladas.

Vamos, ¡arriba, abajo, al centro y para adentro!

Dan Jones

BREVE HISTORIA DEL TEQUILA: BIEN VALE UN CHUPITO

Cielos de Jalisco, calor desértico y hojas verdiazules: todo destilado según una antigua receta para obtener una bebida espiritosa cristalina y potente. Las raíces de nuestro licor inductor de resaca más querido se remontan al siglo XIII. El agave era una parte importante de la vida del México prehispánico. Sus densas fibras eran ideales para confeccionar esterillas, cuerdas y tal vez pelucas, pero también se daba otro uso a la planta: a aquellas gentes les encantaba tomar jugo de agave. El *pulque* era su bebida preferida: una preparación a base de zumo de agave fermentado, sabor como a levadura y tono lechoso que las civilizaciones preaztecas tuvieron el acierto de destilar.

La fascinación norteamericana por el tequila empezó durante la prohibición y resurgió durante la Segunda Guerra Mundial, cuando resultaba difícil encontrar licores europeos. No obstante, no fue hasta 1944 cuando el Gobierno mexicano decretó que la bebida únicamente podía elaborarse en Jalisco. Desde entonces, se ha modificado y actualizado la ley sobre la producción de tequila, pero como ocurre con el champán y el coñac, sigue tratándose de un producto de origen y solo se puede fabricar legalmente en los Estados de Jalisco, Tamaulipas, Nayarit, Michoacán y Guanajuato. En la actualidad, existen más de cien destilerías en México que producen con orgullo más de 900 marcas de tequila (y se han registrado más de 2.000 nuevas marcas), para el deleite de los amantes de la Margarita, degustadores de destilados e instagrameras californianas que gustan de lucir escote (un trago solo contiene 64 calorías. #benditas).

ESTADOS UNIDOS
DE AMÉRICA

MÉXICO

Tamaulipas

Nayarit

Guanajuato

Guadalajara

Jalisco

Michaoacán

GUATEMALA

LA CIENCIA DEL TEQUILA

La receta para hacer tequila es asombrosamente simple. Solo hace falta agave, levadura y agua, unos cuantos años para que madure el cultivo, ah, y una o dos mulas.

Los jimadores (cultivadores de agave) cosechan la piña (corazón) del agave azul en el momento idóneo de su ciclo vital (una habilidad rara que ha pasado de una generación a la siguiente). La piña se trocea y se cuece al vapor en un horno de ladrillo durante unos días (o en un horno industrial a presión durante un período más breve) y –lentamente– el corazón se ablanda al tiempo que el almidón se convierte en azúcar. La piña cocida se desmenuza y luego se tritura (habitualmente con una rueda de piedra, a veces con mulas) para extraer el aguamiel, o jugo, que se vierte en barricas de madera calientes. El néctar se deja fermentar una o dos semanas –la levadura que se halla de forma natural en las hojas del agave se utiliza para acelerar el proceso– y luego se destila dos o tres veces, se le añade agua y se deja envejecer en barricas o cubas de madera. El método de cada productor, el tiempo y el medio de maduración proporcionan a cada tequila sus notas y aroma singulares. Se tardan entre 14 y 21 días en crear el tequila blanco perfecto, cristalino y transparente, y cuando se envejece el licor durante dos meses se obtiene un tequila de color dorado claro, que incorpora parte del sabor y toques de la madera. Cuando este envejecimiento se prolonga entre dos y 364 días, se produce el tequila reposado, y si se alarga un año o más, se logra el tequila añejo.

El tequila solo puede fabricarse en cinco municipalidades mexicanas, pero casi hasta la

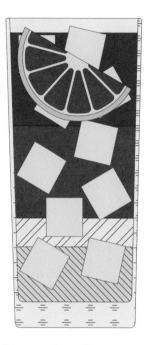

La producción de mezcal se parece a la de tequila, si bien está menos regulada: se elabora en ocho Estados mexicanos. Mientras que el tequila es el fruto de un proceso celoso y cuidado, con baño de vapor incluido, la producción del mezcal es menos sofisticada: la piña del agave (que no suele ser de la variedad azul) se cuece en hornos subterráneos, lo cual le otorga su característico sabor ahumado y a tierra.

Un aspecto importante de la historia del tequila y el mezcal tiene que ver con la planta de agave. Existen aproximadamente 200 tipos de agave, la mayoría endémicos de México, pero solo se utilizan 40 para la elaboración de licor. Para alcanzar el punto de maduración adecuado, la planta sigue un crecimiento lento que a veces dura décadas. Esto dificulta su cultivo y aún más la previsión para las necesidades, por ejemplo, a quince años vista. A esto cabe añadir el hecho de que al cosechar el agave se mata la planta, algo que hace temer a algunos que el futuro de esta corra peligro.

última gota de tequila que uno pueda probar está elaborada en el Estado mexicano de Jalisco. Los productores del tequila de mejor calidad se enorgullecen de emplear «cien por cien agave azul», aunque el requisito legal se limita al 51 por ciento. El tequila a veces se mezcla con un licor neutro elaborado con caña de azúcar; así se obtiene el tequila mixto.

Los mejores tequilas y mezcales del mundo

PROBADOS Y COMPROBADOS, COMBINADOS Y SORBIDOS, DERRAMADOS Y FREGADOS: ESTOS SON LOS MEJORES TEQUILAS Y MEZCALES DEL MUNDO, SELECCIONADOS ENTRE LAS TRADICIONALES APUESTAS SEGURAS Y LOS RECIÉN LLEGADOS.

PARA MARGARITAS

TEQUILA PATRÓN SILVER

Una bebida potente, brillante y con la suavidad de
la luz del sol. Procedente de la región mexicana de
Jalisco, Patrón es el gigante de la industria que
sigue fabricando su tequila a mano, y el Patrón
Silver es un producto de primera. Distinguido por
la botella achaparrada y el tapón bulboso
(importado desde cerca de Lisboa), Patrón es uno
de los tequilas más conocidos del mundo, pero no

es solo un truco de marketing: la calidad del licor es lo que mantiene una
clientela fiel. Patrón asa las piñas en pequeños hornos de ladrillo, las tritura
bajo una rueda tahona de piedra volcánica y fermenta el jugo tan solo tres
días antes de la destilación para conservar un sabor ligero y fresco. Brillante
en cócteles clásicos a base de tequila, Patrón Silver es espectacular para
Margaritas.

PARA FAMOSOS

TEQUILA CASAMIGOS AÑEJO

Con el galán madurito George Clooney como cofundador,
Casamigos posee cierta ventaja: esta marca de tequila ha
heredado el glamur de Hollywood. Pero, gracias a Dios,
Casamigos Añejo está a la altura. Es pasmosamente
delicioso. Envejecido 14 meses en barricas de roble blanco,
este tequila de tierras altas ofrece la sofisticación de un
suave aroma a vainilla y un final de menta fresca. El tequila
blanco y el reposado de la marca también son buenos
licores: el primero es vibrante, vegetal y vivo.

PARA LOS TRADICIONALES

MEZCAL QUIQUIRIQUI

Producido artesanalmente en México, Quiquiriqui ofrece una reducida variedad de mezcales elaborados con productos de finca única sin trampas industriales en favor de técnicas tradicionales de cultivo, cosecha, cocción y molienda. El jugo de agave espadín se fermenta en cubas de roble con levadura natural, luego se destila doblemente en alambiques para crear el Mezcal Matatlán redondo y pimentado de Quiquiriqui. Su San Juan Del Río lo elabora un productor de cuarta generación y presenta un tono cítrico con gusto ahumado y pimentado. Y para el Quiquiriqui Tobala se emplea una especie rara de agave silvestre, que crece a elevada altitud, que se cuece en hoyos y adquiere un sabor a palomitas de maíz con mantequilla. Su producción es limitada, por lo que hay que aprovechar la ocasión cuando se presenta.

PARA MITÓMANOS

MEZCAL EL SILENCIO

El Silencio explota los mitos de la región mexicana de Oaxaca, el verdadero hogar del mezcal. El perfil enigmático de la marca está inspirado en su compleja estructura de sabores. El Silencio Espadín presenta notas sutiles de higos dulces y pegajosos asados, huesos de fruta churruscados y un suave y especiado aroma guardado en la oscuridad de la botella de cerámica negra obsidiana. El Silencio Joven Ensamble es un mezcal de agave ecológico de gran calidad, mezclado para crear un sabor suavísimo con toda la fruta, especias y gusto ahumado que cabe esperar pero con un toque de hinojo, jazmín y pimienta blanca. Es un mezcal espectacular, perfecto para tomar solo.

PARA BEBEDORES DE ALTA ALCURNIA

TEQUILA REPOSADO GRAN CENTENARIO

Envejecido durante seis meses en barricas de roble francés, el angelical Gran Centenario Reposado posee un tono mantecoso y dorado. Creado con agave azul de tierras altas, este apreciado tequila de excelente calidad se considera el reposado perfecto. La marca la fundó el antiguo propietario de una taberna mexicana, Lázaro Gallardo, a finales de 1800 (y se embotelló por primera vez en la década de 1920), y el trago es extrasuave aunque pimentado, con notas de canela, piña y caramelo. Es perfecto para tomar con hielo, y la botella de estilo modernista (con un ángel obsesionado con el agave) llamará la atención cuando lo exponga en su carro de bebidas *vintage* o si lo usa para el juego de girar la botella y besar.

PARA LOS ENTERADOS

TEQUILA BLANCO TAPATÍO

El tequila Tapatío hace caer la baba a los expertos; es la marca de culto de sabor suave y de calidad, a precio de la vieja escuela. El blanco se elabora artesanalmente en las tierras altas de Jalisco, con agave de la finca de Carlos Camarena, y se deja reposar en tanques de acero tan solo un mes tras una destilación doble que confiere al licor su graduación final (en lugar de mezclarlo con agua de manantial para hacerlo bebible). El Tapatío blanco posee un brillo, jugosidad y sabor especiado maravillosos, con notas de agave asado, hierbas del desierto y un poco de regaliz para compensar. Es un buen tequila para que se inicie el principiante.

PARA BEBEDORES DELICADOS

TEQUILA OCHO

Al gran aficionado al tequila y restaurador Tomas Estes le encanta este espirituoso hasta tal punto que decidió elaborar su propia marca. En colaboración con productores consagrados de la finca Camarena (famosa por el tequila Tapatío), el Tequila Ocho es original en su enfoque: se celebra cada lote de producción, subrayando su fecha y terruño, y destacando las sutiles diferencias entre cosechas. Mientras que la mayor parte de tequilas se destilan para obtener un sabor consistente, Ocho permite que los ingredientes hablen por sí mismos. Cada botella es un placer exquisito.

PARA AMANTES DEL CÍTRICO

TEQUILA OLMECA ALTOS PLATA

Esta discreta y galardonada marca utiliza agave rollizo y afrutado de las tierras elevadas de Los Altos para crear su tequila plata: una bebida herbal, cítrica, sutil y dulce. Sus creadores, los antiguos bármanes Henry Besant y Dre Masso (junto con el maestro tequilero Jesús Hernández) querían un licor para tomar solo que también destacara en los cócteles. El Olmeca Altos está hecho con amor y se nota: es uno de los favoritos.

PARA LUCIRSE

TEQUILA CASA DRAGONES

Hay pocas mujeres productoras de tequila. Bertha
González Nieves, maestra tequilera y copropietaria,
lanzó la marca Casa Dragones en 2009 y enseguida
alcanzó el primer puesto en la lista de licores de calidad
exclusivos (e increíblemente caros). Casa Dragones es
algo especial. Es un tequila joven, una mezcla de blanco y
extra añejo, filtrado para obtener un tono «platino», con
notas de agave, azahar, avellana y pera. Es conocido por
su versión moderna y elaborada del viejo licor: suelo
volcánico, destilación de lotes limitados, botellas
firmadas a mano. Lo mejor es servirlo solo (Bertha
recomienda la copa Ouverture de Riedel para apreciar
todo el aroma).

PARA LOS MÁS DUROS

TEQUILA EL LUCHADOR

¿Preparado para el equivalente en sabor de un mazazo en
la columna propinado por un luchador mexicano
enmascarado? Abra el corazón y la mente para El
Luchador, el tequila ecológico de tierras altas, de 55 grados,
que saca chispas con su sabor de pimienta al limón, agave
jugoso y sal marina. Sin mezclarlo con agua, este tequila no
se envejece y sale directamente del alambique, de modo
que es potente y vivo, pero sorprendentemente delicioso y
complejo. Los más frágiles deberían probarlo con hielo
para contrarrestar la (pasajera) quemazón.

Utensilios básicos

EQUIPE EL MUEBLE BAR CON LOS ÚTILES IMPRESCINDIBLES PARA PREPARAR LAS MEJORES MARGARITAS, CÓCTELES Y PONCHES DEL MUNDO.

UTENSILIOS IMPRESIONANTES

Invierta en su barra particular para combinados de tequila con una gama de utensilios de coctelería impresionantes. Empiece con lo básico: una coctelera, un medidor, un colador y una cubitera. Le bastará esto para un enfoque minimalista:

MEDIDOR

Una herramienta básica. Proporciona la medida estándar para los licores y está disponible en diversos tamaños. Los metálicos son vistosos, pero los de plástico o vidrio sirven igual. Si no dispone de medidor ni de vasos de chupito, utilice una huevera; así las proporciones serán adecuadas, aunque las dosis resulten algo generosas. Si no, cruce los dedos y hágalo a ojo.

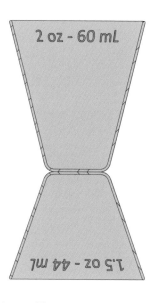

2 oz - 60 mL

1,5 oz - 44 mL

PLATITO

Algunos bármanes utilizan un ribeteador de copas para decorar con sal o azúcar el borde de la copa, pero si a usted le parece, como a mí, que suena raro, entonces use un simple platito con un diámetro algo mayor que el de la boca de la copa.

VASO MEZCLADOR

Se trata de un sencillo vaso, resistente, recto (también conocido como vaso Boston), o un vaso de cerveza liso y de boca más ancha, para cócteles que deben mezclarse con cuchara en lugar de agitarlos en la coctelera. El vaso mezclador proporciona más volumen cuando se adapta al vaso de la coctelera para poder preparar dos bebidas a la vez. Las dos partes quedan unidas y se agita hasta que se enfría la bebida. Luego se puede utilizar el colador de gusanillo (véase la página siguiente) para pasar la mezcla a una copa limpia.

COCTELERA

También denominada coctelera Boston, es la varita mágica del barman, la pieza más importante del conjunto: pocos cócteles son posibles sin ella. El modelo metálico clásico consta de tres partes principales: una base, denominada vaso (recipiente alto, de base más estrecha), y una tapa bien ajustada en forma de embudo con colador incorporado donde se encaja un pequeño tapón (que también hace las veces de medidor). Es un accesorio brillantemente simple y muy útil, como las mejores herramientas, y vale la pena mantenerla siempre escrupulosamente limpia. Si no dispone de coctelera, utilice un tarro grande de cristal con tapa hermética.

COLADOR DE GUSANILLO

Este colador de aspecto exótico, rodeado con un muelle, resulta útil cuando la versión que incorpora la coctelera no es la adecuada. Se coloca sobre una copa y sobre él se echa el cóctel, o se cubre con él el vaso de la coctelera o el medidor para verter su contenido desde cierta altura. Lávelo inmediatamente después de su uso. Si no dispone de uno, utilice un colador para té; sirve igual, aunque el de gusanillo da más el pego.

BATIDORA

Esencial para recetas con fruta. Como la mayoría de batidoras domésticas presentan dificultades con el hielo, es mejor utilizar hielo picado cuando la receta lo requiera, en lugar de cubitos. Añada primero los ingredientes y luego el hielo, y empiece con una velocidad lenta antes de subirla al máximo. No es necesario colar una vez se consigue la consistencia suave: se vierte directamente en la copa y se sirve.

CUCHILLO Y TABLA DE CORTAR

Sencillo, pero esencial. Mantenga la tabla limpia y el cuchillo bien afilado. Practique sus habilidades para pelar: el objetivo consiste en esquivar al máximo la piel blanca para utilizar solo la piel más exterior, rica en aceites aromáticos.

CUBITERA

El elemento central del bar doméstico; simple, funcional, tanto si es retro como acrílica. Una cubitera aislante consigue que los cubitos se mantengan enteros más tiempo, y un juego de buenas pinzas aporta elegancia al conjunto.

UTENSILIOS ADICIONALES

PUNZÓN

Compre bolsas de hielo picado o cubitos (siempre compre el doble o el triple de la cantidad que precise), o golpee una barra de hielo hecha en casa con un punzón. Hierva agua, deje que se temple un poco y viértala en un recipiente vacío de helado. Congélelo, vuelque el contenido sobre un trapo de cocina limpio y ataque el bloque según precise. El hielo saltará por doquier, pero persista. Los trozos grandes con picos le servirán para bebidas espectaculares.

MAJADERO (MUDDLER)

Un bastón corto, normalmente de madera, para majar o machacar fruta, hierbas, hielo y azúcar en la copa moliendo y chafando los ingredientes para que suelten sus sabores y aceites naturales. Es como una mano de mortero. Si no dispone de majadero, utilice un rodillo sin asas.

PAJITAS, SOMBRILLAS Y MONOS DE PLÁSTICO

Un reto. Crear cócteles asombrosos a todas luces significa que por sí mismos ya deben ofrecer aspecto y sabor extraordinarios. Sin sombrillitas, monos de plástico, cubitos iluminados con LED ni pajitas que uno puede ponerse a modo de gafas. Dicho lo cual, resulta agradable añadir algún adorno a la bebida. Disponga siempre de pajitas en el mueble bar –las de papel de rayas rojas y blancas resultan llamativas– y algún que otro mono de plástico no hace daño a nadie. Guarde las pajitas más descaradas para ocasiones realmente especiales, como una fiesta de 80 cumpleaños o un funeral.

EXPRIMIDOR DE CÍTRICOS

Siempre, siempre, siempre utilice zumo natural de cítricos. Jamás escatime en este aspecto de la mixología. Si no dispone de exprimidor, utilice las manos. Haga rodar la fruta presionándola sobre una superficie dura, pártala por la mitad y exprímala utilizando los dedos para colar las pepitas al hacerlo.

CUCHARA COCTELERA

La clásica es de mango largo y en espiral (o recto), acabado plano en un extremo y con una cuchara en forma de gota de agua en el otro, que se emplea para remover y medir ingredientes. No es imprescindible, pero queda bastante guay.

ACANALADOR

Una herramienta sofisticada. Este cuchillo dispone de una cuchilla especial para cortar espirales de piel de cítricos, vaciar melones y probablemente muchos otros usos artísticos. No es esencial, pero mola tener uno.

PALILLO DE CÓCTEL

Para pinchar cerezas, pieles de cítricos, rodajas de fruta, aceitunas, tajadas de cebolla, pepinillos, salchichas, o incluso limpiarse las uñas.

AGITADOR

Más que un accesorio de coctelería en sí, el agitador permite al bebedor gobernar su bebida y mezclarla al degustarla. Ideal para combinados con fruta u otras guarniciones, o para invitados nerviosos que necesitan algo entre los dedos.

Copas

y

vasos

SE PUEDE SERVIR UN CÓCTEL DE TEQUILA EN CASI CUALQUIER RECIPIENTE: UNA TAZA DE CAFÉ DESCASCARILLADA, UN VASITO DE PAPEL DE DORA LA EXPLORADORA, UN ZAPATO... PERO ES MEJOR INVERTIR EN CRISTALERÍA ADECUADA –Y MANTENERLA SIEMPRE LIMPÍSIMA.

POMPADOUR

La copa corta, en forma de seno, perfecta para champán y vinos espumosos, al mismo tiempo que resulta indicada como alternativa a la copa Martini o de cóctel.

COPA MARTINI

La copa más icónica de la cultura del cóctel. Su refinado pie y copa cónica forman un recipiente grande y poco hondo. También llamada copa de cóctel, pierde la habilidad de mantener su contenido a medida que avanza la velada. (**Fig. 1**)

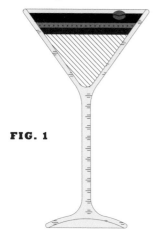

FIG. 1

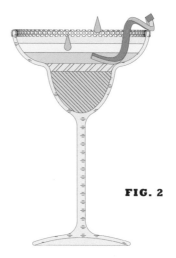

FIG. 2

MARGARITA

No hay otra forma de tomar una Margarita que no sea con la copa oficial; es la prima contrahecha de la copa Martini, con fondo bulboso. (**Fig. 2**)

TAZA DE COBRE (VASO JULEP)

Emblemática taza de cobre o acero que, repleta de hielo, forma una condensación muy refrescante y encaja con la mayoría de cocteleras. Es el resultado de las resacas de la cultura coctelera del siglo XIX en Kentucky.

VASO DE CHUPITO

O vaso tequilero. Corto y simple. Verter, tomar, golpear la mesa. Fin. Puede usarse como medidor. (**Fig. 3**)

VASO CORTO

Vaso corto de lados rectos para bebidas de un solo trago. Es mejor elegir un modelo con base pesada. También conocido como old fashioned. (**Fig. 4**)

VASO LARGO

Ostensiblemente alto, con un fondo grueso y resistente, capaz de contener 225-350 ml de combinado. También conocido como highball. (**Fig. 5**)

COPA DE VINO GRANDE

La que la tía Sharon usa para tomar su chardonnay antes de exigir hablar con el director. (**Fig. 6**)

VASO DE PONCHE

Decorado, a veces con asas, y más bien pequeño para que a los invitados no les suba la bebida a la cabeza demasiado pronto.

FIG. 3

FIG. 4

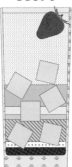

FIG. 5

FIG. 6

FIG. 7

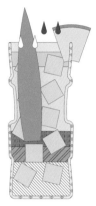

FIG. 8

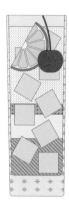

FIG. 9

VASO TIKI

Este vaso nació en los bares tropicales americanos de mediados del siglo pasado y se atribuye a Don the Beachcomber, padre fundador de la cultura tiki. Es un vaso alto de diseño retorcido que representa una cara semejante a un moái de la isla de Pascua. (**Fig. 7**)

VASO COLLINS

Es la versión delgada del vaso largo, normalmente de lados rectos. (**Fig. 8**)

TARRO DE MERMELADA

No hay reglas para servir los combinados ni acerca de los recipientes en los que hacerlo. Puede recurrir a diversidad de alternativas para sorprender a sus invitados: tarros de mermelada, tacitas de té, probetas o matraces de laboratorio, tazas de té rusas, incluso zapatos. (**Fig. 9**)

Trucos

de

experto

NO SOLO SE TRATA DE LA CALIDAD DE LOS
UTENSILIOS: HAY QUE SABER UTILIZARLOS.
APRENDA A MEZCLAR, AGITAR,
REMOVER Y COMBINAR.

CÓMO SE HACE

CÓMO AGITAR

Es el eterno debate en el mundo de la coctelería. ¿Cuánto tiempo hay que agitar el combinado para que salga perfecto? No existe acuerdo. Hay quien dice que 15 segundos, otros afirman que menos. Aquí nos la jugamos y apostamos por 7 segundos cortos y vigorosos. Más tiempo podría diluir demasiado la mezcla y afectar su potencia. Aparte de esto, nada de voltear botellas ni encender bengalas, aunque unos malabares con limones y limas no estarán de más.

CÓMO MEZCLAR

Saque la cuchara y el vaso mezclador y remueva las bebidas con suavidad y destreza junto con hielo para enfriar el combinado. Cuando se forme condensación en el exterior del vaso, estará listo.

CÓMO REFRIGERAR

Si dispone de espacio, reserve un cajón en el congelador para guardar las copas, o llénelas de cubitos para que se enfríen y deséchelos después.

POTENCIA

Todos los cócteles son potentes, pero algunos más que otros. Cada bebida debe procurar alcanzar un equilibrio de sabores y puede proponerse diversos niveles de intensidad, pero no debería emborrachar (al menos no por sí sola). Respetar las medidas es muy importante.

PRESENTACIÓN

Las guarniciones frescas, las copas limpísimas, los cubitos de agua mineral y un equilibrio perfecto de colores y texturas son esenciales.

AROMAS

La bebida debe oler genial, no solo saber bien. Esto se consigue con bíteres, zumos naturales y pieles de cítricos ricas en aceites fragantes.

CREAR EL FONDO DE BAR CON TEQUILA Y MEZCAL

¿Unas cuantas botellas de buenos tequilas? Hecho. ¿Una de mezcal ahumado con gases infernales? Hecho. Pero ¿qué más hará falta? Cree su fondo de bar con unos cuantos licores fuertes, limpios y clásicos, alguna compra especial y unas cuantas rarezas.

En función de su presupuesto, no hace falta que haga acopio de licores añejos para los cócteles –sus cualidades más sutiles se pierden al mezclarlos– pero hay que invertir en productos de calidad.

TEQUILAS Y MEZCALES

Hablaremos con detalle más adelante sobre estos licores de agave que funden los sesos, pero el tequila blanco o plata sin envejecer (o envejecido un máximo de 60 días en recipientes de acero) es un elemento esencial del bar. El tequila joven u oro es dulce y suave, con el color y el sabor del caramelo. El reposado, envejecido en barricas o toneles de madera, aporta un toque profundo, como de cuero, a los combinados.

BÍTERES

El amargo de Angostura (venezolano a través de Trinidad y Tobago) es un elemento esencial del bar. Se dice que quita el hipo, y esta tintura, en parte herbal y en parte alcohólica, es muy aromática y confiere a los cócteles profundidad y complejidad de sabor, y colorea de un sutil tono rosado los licores blancos. La marca de jarabes y bíteres Fee Brothers (fundada en 1863) es un buen comienzo: sus bíteres envejecidos en barricas de whisky, de ruibarbo y ciruela en especial, son deliciosos.

SIROPE

Ingrediente esencial en coctelería. El sirope sencillo, básico o de azúcar, es azúcar líquido mezclado a partes iguales con zumo de cítricos, y aporta una agradable nota agridulce al combinado. Adquiera una versión de sirope sencillo (Monin es buena marca) o elabórelo usted mismo (página 38).

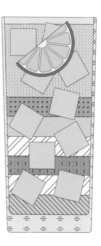

GINEBRA

La ginebra, gin o «fogonazo», como quiera llamarle, ha evolucionado mucho desde sus inicios como bebida demoníaca de los bajos fondos londinenses. Las ginebras artesanales de calidad han elevado el nivel de este licor hasta sublimarlo.

CAMPARI Y APEROL

Licores rojos, intensos y amargos que ensalzan los cócteles y forman la base del Negroni y el Americano, capaces de cambiarle la vida a cualquiera al combinarlos con soda y vino espumoso.

CASIS

Invierta en una buena crema de casis o crema de moras: licores de bayas negras para el Kir, el Kir Royale y otros muchos, además de ser ideales para endulzar recetas neutras con ginebra. Añada unas gotas al gin-tonic para darle un toque frutal.

VERMUT

Licor de vino fortificado con ingredientes botánicos, en versión dulce o seca. Disponga de ambas, refrigeradas una vez abiertas.

VODKA

Stolichnaya, Smirnoff y Absolut son marcas fiables. Más espectacular es el vodka Crystal Head, más caro y presentado en una botella con forma de calavera.

WHISKY

Para los cócteles, opte por un bourbon fuerte en lugar de un whisky de malta envejecido. Monkey Shoulder, Knob Creek y Bullet son buenos candidatos.

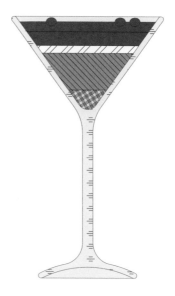

OTROS

Casi nadie emplea ya refresco de cola para sus combinados. (Aunque está permitido un chorrito para el Té Helado de Long Island.) Disponga de una lata a mano y tenga ginger-ale o cerveza de jengibre, agua con gas, prosecco, cava o champán, y zumos naturales de cítricos, agua de coco y –siempre– un montón de hielo.

Infusiones, siropes y sales aromatizadas

CREE SUS PROPIOS TEQUILAS CON DELICIOSAS INFUSIONES, SIROPES PERFECTOS Y SALES AROMATIZADAS. DESDE UN TEQUILA AL CAFÉ REPLETO DE CAFEÍNA HASTA UNO CON CHILE PICANTE QUE HARÁ SACAR HUMO POR LAS OREJAS.

INFUSIONES

TEQUILA AL CAFÉ

Perfecto para los muy cafeteros que también disfrutan de la bebida: una infusión potenciada con vainilla fácil de hacer y más fácil aún de tomar. Échele un chorrito a su taza de café para llevar.

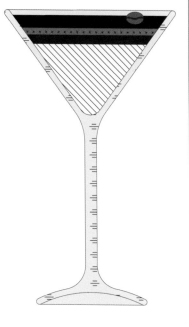

INGREDIENTES

1 vaina de vainilla abierta
600 ml de tequila blanco
100 g de café recién molido
100 ml de sirope básico con azúcar
(página 38)

ELABORACIÓN Añada la vaina de vainilla al tequila y deje reposar 24-72 horas (pruébelo cada día: se busca un suave aroma avainillado; si se deja demasiado tiempo, sabrá demasiado floral). Cuando la infusión esté lista, retire la vaina, luego añada el café molido y agite bien. Guarde la mezcla en el congelador durante al menos 72 horas. Cuele con un filtro de café, luego agregue un poco de sirope, al gusto. Agite bien.

CONSEJO Ideal para preparar el Martini Espresso o servir directamente del congelador, con hielo.

TEQUILA A LA CANELA

Una bebida especiada y sutilmente dulce, deliciosa con chocolate caliente o para tomar con hielo.

INGREDIENTES

600 ml de tequila
150 ml de sirope básico (página 38)
3 ramitas de canela
1 cucharada de extracto de canela

ELABORACIÓN Vierta el tequila, el sirope y agregue las ramitas de canela en un recipiente grande y deje reposar en el frigorífico 24-72 horas. Cuélelo y añada el extracto de canela.

CONSEJO Ideal con chocolate a la taza, para agregar unas gotas al café o simplemente servido para tomar bien frío.

TEQUILA AL CHILE

Desde la sutileza de un jalapeño hasta la potencia de un pimiento Scotch Bonnet, la infusión puede ser tan suave o explosiva como se desee. Se puede optar por cualquier variedad de chile, pero cuanto más intenso, menos tiempo necesita la infusión.

INGREDIENTES

3 chiles
1 botella de tequila blanco

ELABORACIÓN Corte los chiles en cuartos y métalos en la botella de tequila. Deje que haga infusión a temperatura ambiente durante al menos 24 horas, y pruébelo a diario. Retire los chiles cuando alcance el nivel de picante deseado. Cuele y embotelle de nuevo.

CONSEJO Ideal para un Bloody «María» o para servir como trago. Utilícelo en cualquier cóctel con tequila si desea subirlo de tono.

\\

SIROPES

Dulces. Un punto de sirope puede transformar una bebida y convertir el aguardiente más duro en un refresco. Y elaborarlo es facilísimo: empiece con la receta básica de la página 38 para crear un sirope básico o con demerara (con azúcar normal o turbinado), embotéllelo y consérvelo en el frigorífico hasta 6 semanas. Pase luego a inventar sus propias creaciones con anís estrellado o canela, granada o bayas de invierno. Las recetas que siguen dan para unos 15 usos.

MEZCLA AGRIDULCE

Su nombre define el equilibrio perfecto entre el sirope de azúcar y el zumo de cítricos. Se puede preparar con antelación (sirope básico y zumo de cítricos a partes iguales) o prepararlo en pequeñas cantidades para cada bebida.

SIROPE BÁSICO

INGREDIENTES

200 ml de agua
100 g de azúcar demerara
(turbinado), de caña o
granulado (crudo)
1 cucharada de jarabe de maíz o
jarabe de azúcar invertido
(opcional)

UTENSILIOS Cazo
antiadherente, cuchara de
madera y embudo

RECIPIENTE Tarro de
cristal con cierre hermético de
200 ml, o botella de cristal con
tapón

ELABORACIÓN Hierva
el agua y añada poco a poco el
azúcar. Reduzca el fuego y
remueva sin parar durante
3-5 minutos, hasta que el
azúcar quede disuelto y el
sirope se aclare. Apague el
fuego y deje enfriar. Mientras
esté aún líquido, páselo con el
embudo al tarro o la botella de
cristal esterilizados. Una
cucharada de jarabe de maíz cuando se haya enfriado favorece la
textura suave del sirope. Se conserva en la nevera hasta 6 semanas.

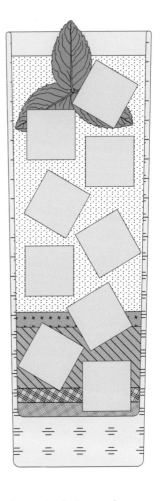

SALES AROMATIZADAS

Cree mezclas de sales aromatizadas a la altura de sus Margarita y Bloody «María» para escarchar el borde de las copas.

SAL PICANTE

1 parte de chile picante molido y 3 partes de sal

SAL A LA LIMA

1 parte de raspadura de lima y 2 partes de sal

CONSEJO Deje que la raspadura se seque un poco sobre papel de cocina antes de mezclarla con la sal.

SAL AL BEICON

INGREDIENTES

500 g de beicon ahumado
1 ½ cucharadas de sal marina
2 cucharaditas de pimienta negra molida

ELABORACIÓN Precaliente el horno a 180 ºC (gas potencia 4) y hornee el beicon 20-25 minutos hasta que quede crujiente. Deje templar un poco, luego trocéelo muy fino a mano o con la trituradora. Mezcle el beicon con la sal y la pimienta. Se conserva en un recipiente hermético durante 4 semanas.

Recetas

LOS INGREDIENTES ESTÁN ALINEADOS,
LOS CÍTRICOS SON FRESCOS Y JUGOSOS, Y
LA COCTELERA, EL MEDIDOR Y LAS COPAS,
LIMPIOS COMO PATENAS. TODO A PUNTO.
AHORA, ÉCHELE TEQUILA.

LOS CLÁSICOS

LAS VIEJAS COMBINACIONES CLÁSICAS
CON TEQUILA SE HALLAN EN TODA CARTA
DE CÓCTELES QUE SE PRECIE, COMO DEBE
SER. PERFECTAMENTE EQUILIBRADAS,
ESTAS POTENTES RECETAS ACIERTAN
EN LA DIANA CON CLASE.

BLOODY «MARÍA»

Para los que disfrutan del Bloody Mary picante, esta receta con tequila utiliza Sangrita (una antigua mezcla de zumo de tomate picante con granadina), que aporta complejidad de aromas y sabores, además de acerbidad.

INGREDIENTES

1	media rodaja de lima	para escarchar
2	sal de beicon (página 39)	para escarchar
3	tequila plata	45 ml
4	sangrita (página 124)	120 ml
5	chile verde grande	para decorar
6	salsa picante (opcional)	unas gotas

UTENSILIOS Cuchara coctelera

ELABORACIÓN Humedezca el borde del vaso con la lima y luego páselo por la sal de beicon. Llene el vaso de hielo y añada el tequila y el sorbito de Sangrita. Remueva con cuidado y decore con un chile verde. Agregue unas gotas de salsa picante si desea más potencia.

SERVIR EN:
VASO LARGO

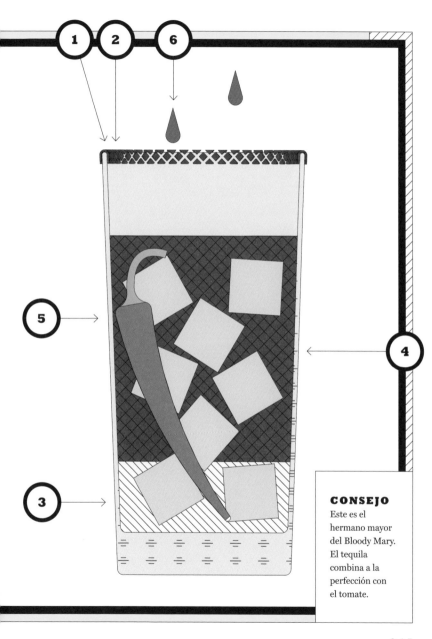

CONSEJO
Este es el hermano mayor del Bloody Mary. El tequila combina a la perfección con el tomate.

TEQUILA SUNRISE

Un sorbo de Tequila Sunrise, con su coloración degradada desde el naranja hasta el rojo, es como un viaje en el tiempo de regreso a los años ochenta. Tómelo con el cabello cardado, sombra de ojos brillante y la banda sonora de la película *Cocktail* en modo repetición.

INGREDIENTES

1	tequila oro	45 ml
2	zumo de naranja recién exprimido	90 ml
3	granadina	unas gotas
4	rodaja de naranja	para decorar
5	guinda al marrasquino ensartada	para decorar

UTENSILIOS Cuchara coctelera

ELABORACIÓN Llene un vaso con hielo, vierta el tequila y el zumo de naranja y remueva suavemente. Poco a poco añada la granadina de modo que se hunda en la bebida. Decore con una rodaja de naranja y una guinda en un palillo.

SERVIR EN:
VASO COLLINS

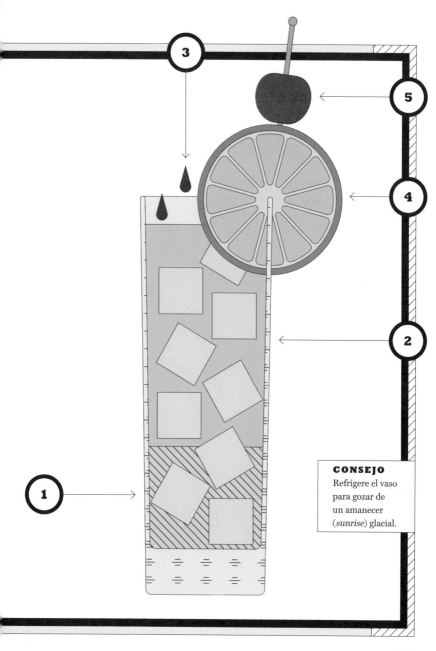

CONSEJO
Refrigere el vaso
para gozar de
un amanecer
(*sunrise*) glacial.

TÉ HELADO DE BEVERLY HILLS

Una versión de lujo del clásico Té Helado de Long Island, donde se sustituyen los pintorescos pueblecitos de pescadores del estado de Nueva York por el glamur soleado de Beverly Hills. Esta versión contiene la fuerza del tequila dorado y la alegría del champán.

INGREDIENTES

1	tequila oro	15 ml
2	vodka	15 ml
3	ron dorado	15 ml
4	ginebra	15 ml
5	licor triple seco	15 ml
6	mezcla agridulce (página 37)	30 ml
7	champán frío	para llenar
8	media rodaja de limón	para decorar

UTENSILIOS Coctelera y colador

ELABORACIÓN Ponga todos los ingredientes (excepto el champán y el limón) en la coctelera llena de hielo. Agite hasta que se enfríe la mezcla y se forme espuma, luego cuélela en un vaso frío lleno de hielo. Acabe de llenar con champán y decore con media rodaja de limón.

SERVIR EN:
VASO COLLINS

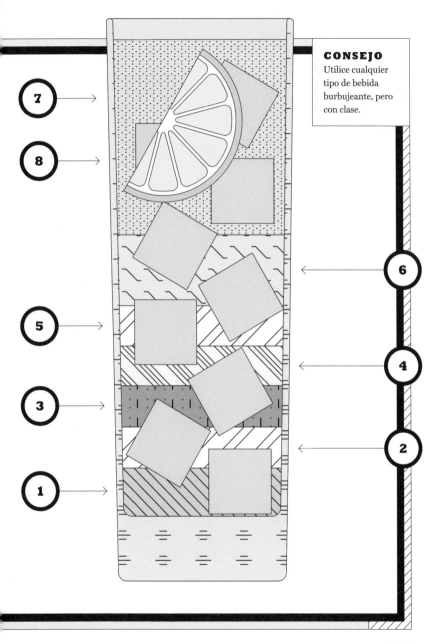

CONSEJO
Utilice cualquier tipo de bebida burbujeante, pero con clase.

TEQUILA MOCKINGBIRD

Este cóctel clásico con un toque de menta está perfectamente equilibrado con lima fresca. Es ligeramente más ácido que dulce, y el tequila reposado aporta una rica nota de arce.

INGREDIENTES

1	tequila reposado	60 ml
2	pipermín	15 ml
3	zumo de lima, recién exprimido	15 ml
4	sirope básico (página 38)	7 ½ ml
5	hoja de menta fresca	para decorar

UTENSILIOS Coctelera y colador

ELABORACIÓN Ponga todos los ingredientes (excepto la hoja de menta) en la coctelera llena de hielo. Agite vigorosamente hasta que se enfríe la mezcla y cuélela en una copa refrigerada. Decore con la menta fresca.

SERVIR EN:
COPA POMPADOUR

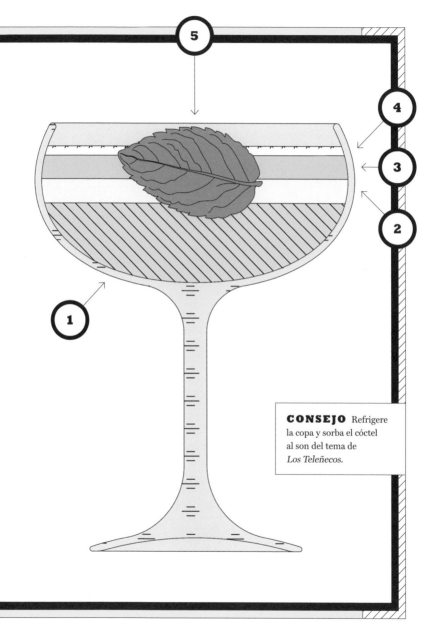

CONSEJO Refrigere la copa y sorba el cóctel al son del tema de *Los Teleñecos.*

TEQRONI

Cambiar la ginebra de un Negroni clásico por mezcal no tiene secreto; ambos funcionan a la perfección con Campari o Aperol. El reposado aporta una sutil profundidad de sabor.

INGREDIENTES

1	mezcal	30 ml
2	Campari o Aperol	30 ml
3	vermut dulce	30 ml
4	espiral de cáscara de naranja	para decorar

UTENSILIOS Cuchara coctelera

ELABORACIÓN Combine los ingredientes en un vaso lleno de hielo. Remueva 15-20 segundos con una cuchara coctelera larga. Decore con una espiral grande de cáscara de naranja.

SERVIR EN:
VASO CORTO

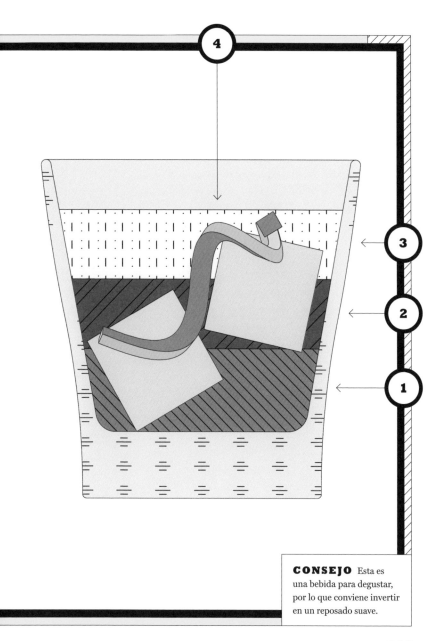

CONSEJO Esta es una bebida para degustar, por lo que conviene invertir en un reposado suave.

PALOMA

Una forma fresca y vibrante de tomar tequila, casi como si no se tratara de un licor. Este cóctel largo, con soda fría, se combina sobre una base de reposado, animada con pomelo rojo y zumo de lima. Es refrescante al cien por cien: no es de extrañar que sea el cóctel de tequila preferido en México.

INGREDIENTES

1	tequila reposado	60 ml
2	zumo de pomelo rojo, recién exprimido	½
3	zumo de lima, recién exprimido	15 ml
4	sirope de agave (o sirope básico, página 38)	15 ml
5	soda	para llenar
6	rodaja de lima	para decorar

UTENSILIOS Coctelera y colador

ELABORACIÓN Ponga el tequila, los zumos y el sirope en una coctelera con hielo. Agite vigorosamente y cuélelo en un vaso lleno de hielo. Acabe de llenar el vaso con soda y decore con una rodaja de lima.

SERVIR EN: VASO
CORTO O TARRO
DE MERMELADA

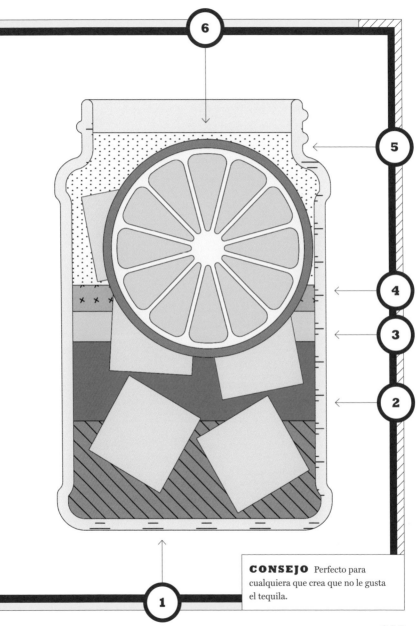

CONSEJO Perfecto para cualquiera que crea que no le gusta el tequila.

CHIMAYÓ

Este clásico otoñal, creado por el chef Arturo Jaramillo en la década de los años sesenta, se inspiró en las manzanas rojas chimayó, pequeñas y dulces, de Nuevo México. Se trata de una receta sencilla –deliciosamente dulce– pero potente.

INGREDIENTES

1	tequila oro	45 ml
2	zumo de limón, recién exprimido	15 ml
3	crema de casis	7 ½ ml
4	zumo de manzana turbio	90 ml
5	gajo de manzana	para decorar

UTENSILIOS Cuchara coctelera

ELABORACIÓN Ponga todos los ingredientes (excepto la manzana) en un vaso lleno de hielo hasta la mitad, remueva y decore con el gajo de manzana.

SERVIR EN:
VASO LARGO

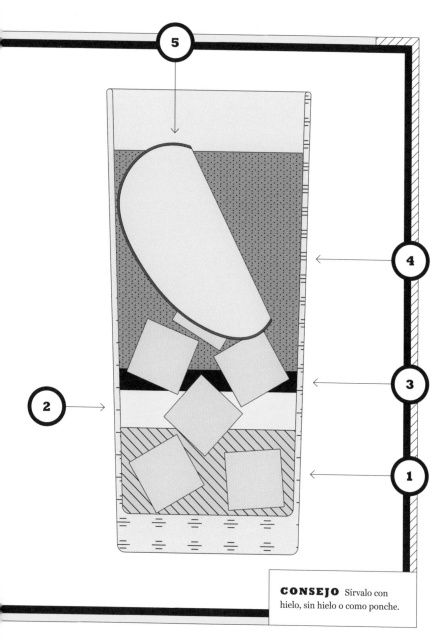

CONSEJO Sírvalo con hielo, sin hielo o como ponche.

JUAN COLLINS

Prepare un Tom Collins (creado a finales de la década de 1870 por el legendario barman norteamericano Jerry Thomas) con tequila en lugar de la clásica ginebra. Se trata de un cóctel reducido a la mínima expresión diseñado para destacar la calidad del tequila, por lo que hay que usar uno con clase.

INGREDIENTES

1	tequila reposado	45 ml
2	zumo de limón, recién exprimido	30 ml
3	sirope de agave	15 ml
4	soda	60 ml
5	media rodaja de lima	para decorar
6	guinda al marrasquino	para decorar

UTENSILIOS Cuchara coctelera

ELABORACIÓN Vierta el tequila, el zumo de limón y el sirope de agave en un vaso lleno de hielo. Remueva y acabe de llenar con soda. Exprima la media rodaja de lima en la bebida y sumérjala en ella junto con una guinda al marrasquino.

SERVIR EN:
VASO COLLINS

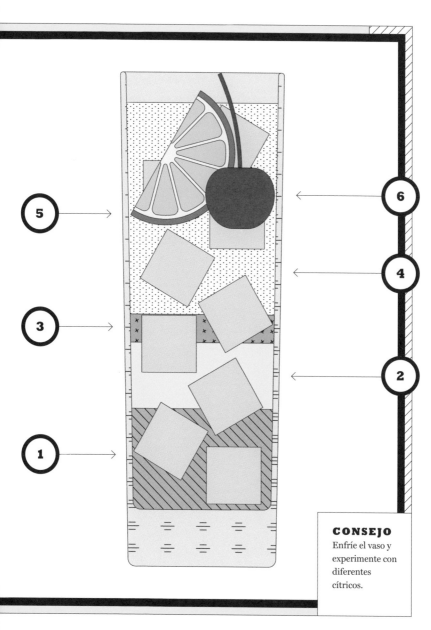

CONSEJO
Enfríe el vaso y experimente con diferentes cítricos.

TEQUILA OLD FASHIONED

Esta versión del clásico Old Fashioned sustituye el whisky por un mezcal envejecido de calidad, y los bíteres aportan a la bebida el color dorado. Utilice un mezcal extraromático y una espiral de piel de naranja fresca, fragante y lo bastante grande para que vaya golpeando la nariz del bebedor.

INGREDIENTES

1	rodaja de naranja	1
2	guindas para cóctel	2
3	mezcal	90 ml
4	sirope de agave	7 ½ ml
5	bíteres	unas gotas
6	espiral larga de cáscara de naranja	para decorar

UTENSILIOS Majadero, cuchara coctelera

ELABORACIÓN Maje la rodaja de naranja en un vaso corto y resérvela, pero deje el jugo. Llene el vaso con hielo hasta la mitad y añada las guindas, luego agregue el resto de ingredientes (excepto la espiral de piel de naranja), además de la rodaja majada. Remueva con la cuchara coctelera unos 30 segundos. Llene con más hielo y remueva. Doble y presione la piel de naranja sobre la bebida para que suelte los aceites y luego déjela caer en el vaso.

SERVIR EN:
VASO CORTO

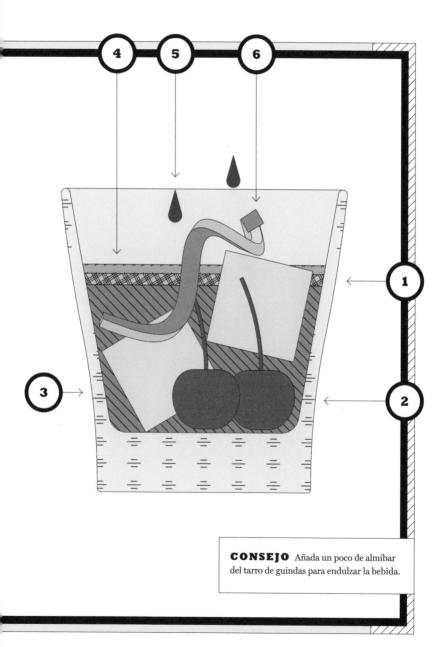

CONSEJO Añada un poco de almíbar del tarro de guindas para endulzar la bebida.

LOS NUEVOS CLÁSICOS

CÓCTELES CLÁSICOS CON TEQUILA, REINVENTADOS PARA ADAPTARSE A LOS TIEMPOS MODERNOS. HEMOS REMOVIDO UN MOJITO CON REPOSADO Y CARGADO UN MARTINI ESPRESSO. COMO OCURRE CON TODO EN LA VIDA, HAY QUE RENOVARSE.

TEQUILA SOUR

Una versión moderna del Sour. Este cóctel presenta una delicada espuma, textura suave y fragancia estimulante. Las gotas de bíter aportan un aroma delicioso. Imagine una Margarita, pero más pequeña y potente. Como todos los cócteles con clara de huevo, hay que servirlo superfrío.

INGREDIENTES

1	mezcal	60 ml
2	zumo de lima, recién exprimido	30 ml
3	sirope básico (página 38)	15 ml
4	clara de huevo	15 ml
5	bíter de Angostura	unas gotas
6	raspadura de lima	para decorar

UTENSILIOS Coctelera y colador

ELABORACIÓN Llene la coctelera de hielo, añada todos los ingredientes (excepto los bíteres y la decoración) y agite vigorosamente hasta que se condensen gotas en el exterior de la coctelera. Cuele en un vaso. Agregue las gotas de bíter y luego la raspadura de lima fresca.

SERVIR EN:
VASO LARGO

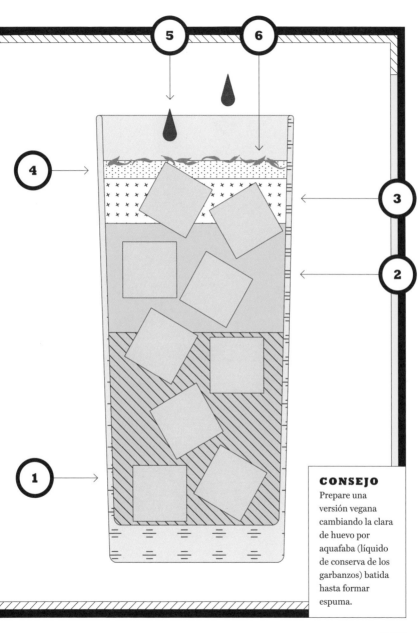

CONSEJO

Prepare una versión vegana cambiando la clara de huevo por aquafaba (líquido de conserva de los garbanzos) batida hasta formar espuma.

MOJITO MEXICANO

El magistral cóctel cubano clásico, con un giro. El ron blanco se sustituye aquí por un chorrito de reposado para aportar un toque más oscuro, más cercano a la Caipiriña. No tema ponerlo todo perdido chafando la lima madura y liberando el aromático sabor de las hojas de menta.

INGREDIENTES

1	lima	1
2	hojas de menta fresca	8–12
3	tequila reposado	37 ½ ml
4	sirope básico con demerara (página 38)	15 ml
5	soda	para llenar
6	ramita de menta fresca	para decorar

UTENSILIOS Majadero, cuchara coctelera

ELABORACIÓN Corte la lima en cuartos y cháfela con las hojas de menta en el fondo de un vaso. Añada el tequila y el sirope, y llene de hielo hasta la mitad. Mézclelo todo bien con la cuchara. Acabe de llenar con soda y más hielo picado, y remueva con cuidado. Decore con una ramita de menta.

SERVIR EN:
VASO COLLINS

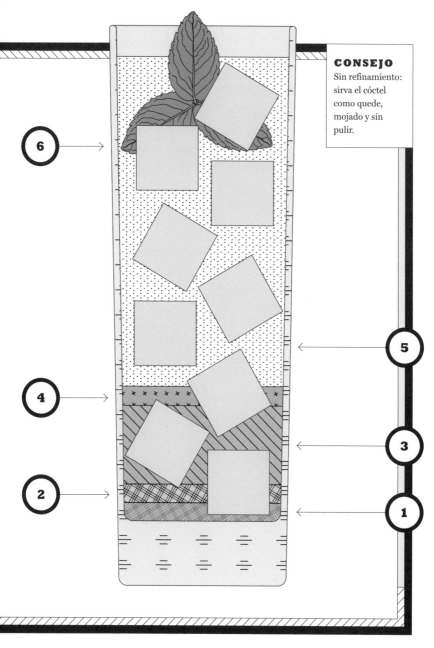

MARTINI ESPRESSO

El legendario cóctel que proporciona la energía para que no acabe una despedida de soltera, no decaiga un baile de boda ya de madrugada y no desfallezcan unos padres privados de sueño en la fiesta del quinto cumpleaños de su hijo. Es fantástico con tequila, que destaca sobre el dulzor y le mantiene a uno despierto.

INGREDIENTES

1	tequila plata	60 ml
2	tequila de café (página 35 o de la marca Patrón)	15 ml
3	sirope básico (página 38)	15 ml
4	café expreso frío	1
5	grano de café	para decorar

UTENSILIOS Coctelera, colador

ELABORACIÓN Vierta todos los ingredientes (excepto la decoración) en la coctelera llena de hielo. Agite vigorosamente hasta que se condense agua en el exterior, luego cuele la mezcla en una copa refrigerada. Disponga un grano de café sobre la espuma formada.

SERVIR EN:
COPA MARTINI

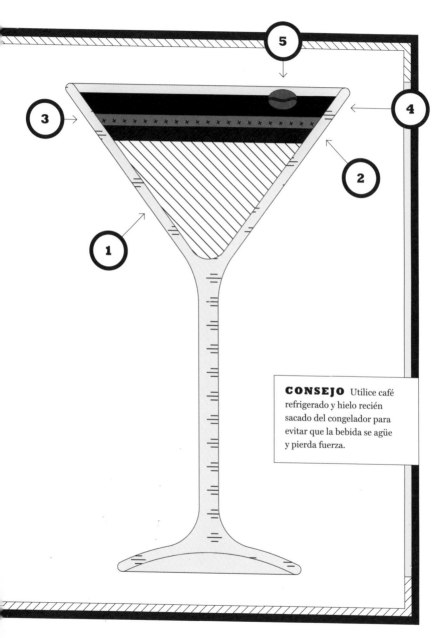

CONSEJO Utilice café refrigerado y hielo recién sacado del congelador para evitar que la bebida se agüe y pierda fuerza.

MARACUYÁ SOUR

La fruta de la pasión es la fuente de potencia de este sour con mezcal. La combinación de sabores es dulce y ácida, y el mezcal le da un toque ahumado y tostado. Convierta el cóctel en un combinado largo prescindiendo de la clara de huevo o aquafaba y sirviéndolo en un vaso largo lleno de hielo y soda fría.

INGREDIENTES

1	mezcal	60 ml
2	puré de maracuyá	60 ml
3	sirope básico (página 38)	15 ml
4	zumo de lima, recién exprimido	15 ml
5	clara de huevo o aquafaba	1
6	hojas de menta fresca	4–5
7	medio maracuyá	para decorar

UTENSILIOS Coctelera y colador

ELABORACIÓN Ponga todos los ingredientes (excepto la decoración) en la coctelera llena de hielo. Agite vigorosamente hasta que se condensen gotas de agua en su exterior y la mezcla produzca espuma, luego cuélelo en una copa refrigerada.
Decore con medio maracuyá.

SERVIR EN:
COPA POMPADOUR

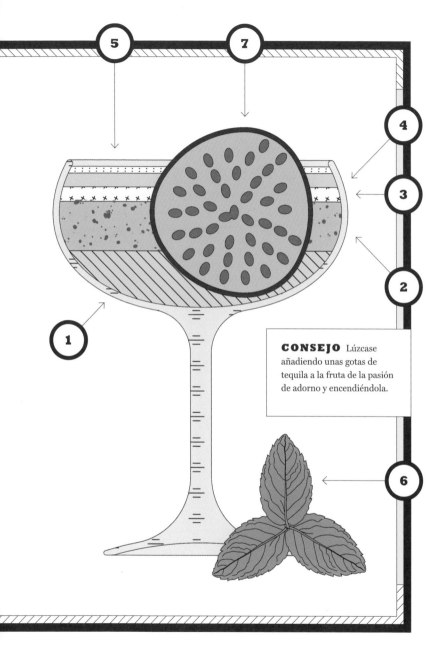

CONSEJO Lúzcase añadiendo unas gotas de tequila a la fruta de la pasión de adorno y encendiéndola.

LAS
MARGARITAS

EL CÓCTEL MARGARITA –UN GOLPE
DE LIMA CON EL DULZOR DEL LICOR
DE NARANJA, EL SABOR DE LA SAL Y LA
INTENSIDAD PIMENTADA DEL TEQUILA–
LO IDEARON BÁRMANES NORTEAMERICANOS
EN LA DÉCADA DE LOS CUARENTA (LA
HISTORIA EXACTA QUEDA ENTURBIADA
POR EL MITO), CON LA INTENCIÓN
DE CREAR EL CÓCTEL DE TEQUILA
MÁS FRESCO, SABROSO, INTENSO
Y DELICIOSO DEL MUNDO.
LO CLAVARON.

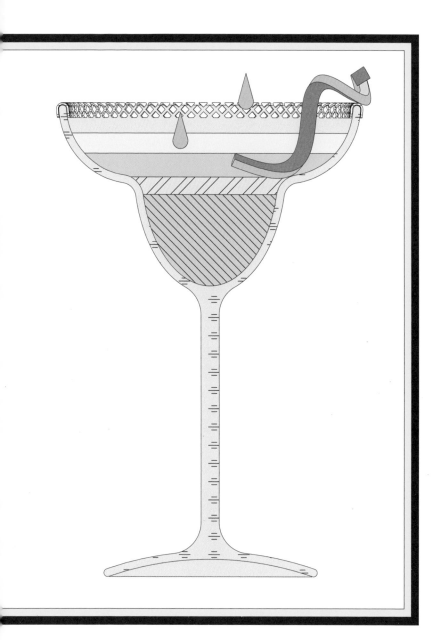

LA MARGARITA PERFECTA

¿Por qué cambiar algo que funciona? Perfectamente equilibrado, este cóctel es para tomarlo bien frío y, al recuperarse del éxtasis, ir a por otro.

INGREDIENTES

1	media rodaja de lima	para escarchar
2	sal marina	para escarchar
3	tequila plata	60 ml
4	licor triple seco	30 ml
5	zumo de lima, recién exprimido	30 ml
6	espiral de cáscara de lima	para decorar

UTENSILIOS Coctelera, colador, platito para escarchar

ELABORACIÓN Humedezca el borde de una copa refrigerada con la lima y luego páselo por la sal. Agite el tequila, triple seco y zumo de lima vigorosamente con hielo y cuélelo en la copa.
Decore con la espiral de piel de lima.

SERVIR EN:
COPA MARGARITA
O DE VINO

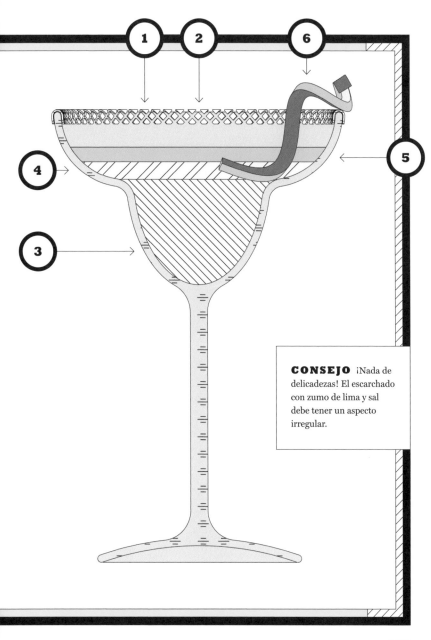

CONSEJO ¡Nada de delicadezas! El escarchado con zumo de lima y sal debe tener un aspecto irregular.

BREAKFAST MARGARITA

¿Se esfuerza por compaginar su debilidad por el pan tostado y la mermelada de cítricos con una dieta sin gluten? Cambie el pan por tequila. Esta Margarita es lo más indicado para un *brunch* animado o una buena recuperación tras una noche de marcha. Vale la pena ponerse el despertador para prepararla.

INGREDIENTES

1	tequila reposado	45 ml
2	licor de naranja	22 ½ ml
3	zumo de lima, recién exprimido	22 ½ ml
4	mermelada de naranja	1 cucharadita colmada
5	sirope básico (página 38)	7 ½ ml
6	espiral de cáscara de naranja	para decorar

UTENSILIOS Coctelera y colador

ELABORACIÓN Ponga todos los ingredientes (excepto la decoración) en la coctelera llena de hielo y agite hasta que se enfríe. Cuele en un vaso lleno de hielo y añada una espiral de piel de naranja.

SERVIR EN: VASO CORTO O TARRO DE MERMELADA

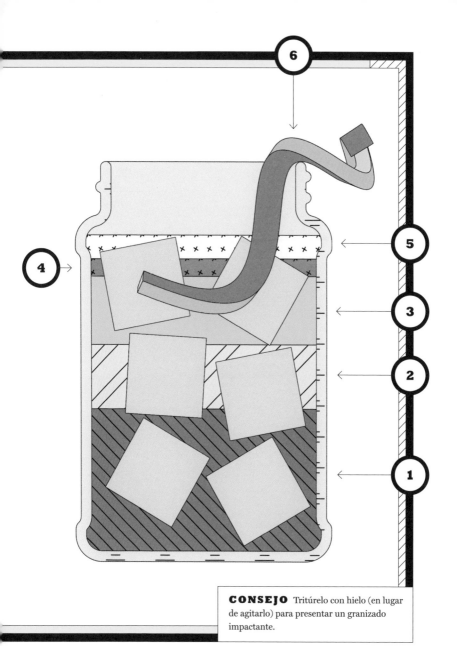

CONSEJO Tritúrelo con hielo (en lugar de agitarlo) para presentar un granizado impactante.

MARGARITA DE POMELO Y CHILE

El delicado tono rosa de esta fresquísima Margarita esconde un intenso sabor picante que le provocará cosquilleo en los labios.

INGREDIENTES

1	media rodaja de lima	para escarchar
2	sal marina	para escarchar
3	tequila oro (o tequila al chile, página 36)	60 ml
4	licor de naranja	15 ml
5	zumo de pomelo rosado, recién exprimido	30 ml
6	zumo de lima, recién exprimido	30 ml
7	sirope de agave	15 ml
8	rodajitas finas de jalapeño fresco	3 rodajitas
9	rodajita de jalapeño fresco	para decorar

UTENSILIOS Coctelera, colador, platito para escarchar

ELABORACIÓN Humedezca el borde de una copa refrigerada con la lima y luego páselo por la sal. Añada todos los ingredientes (excepto la decoración) a la coctelera llena de hielo. Agite vigorosamente y cuele en la copa. Decore con una rodajita de jalapeño.

SERVIR EN:
COPA MARGARITA
O DE VINO

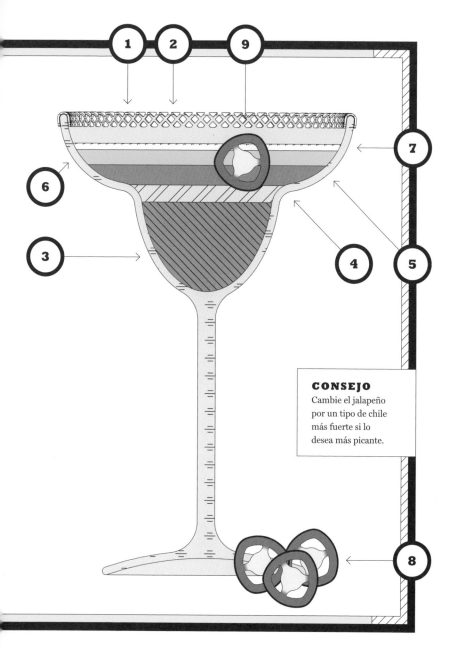

CONSEJO

Cambie el jalapeño
por un tipo de chile
más fuerte si lo
desea más picante.

MARGARITA HELADA DE SANGUINA

Esta bebida de tono rosa oscuro, tipo granizado, es deliciosa, y al triturarla es fácil y rápida de degustar. Además, el zumo de fruta cuenta como una de las cinco raciones al día.

INGREDIENTES

1	media rodaja de lima	para escarchar
2	sal marina	para escarchar
3	tequila plata	45 ml
4	licor triple seco	15 ml
5	zumo de naranja sanguina, recién exprimido	60 ml
6	sirope de agave	15 ml
7	zumo de lima	unas gotas

UTENSILIOS Batidora, platito para escarchar

ELABORACIÓN Humedezca el borde de una copa refrigerada con la lima y luego páselo por la sal. Añada todos los ingredientes (excepto el zumo de lima) al vaso de la batidora junto con una buena cucharada de hielo picado. Triture a potencia máxima hasta que quede bien mezclado. Viértalo en la copa y agregue unas gotas de zumo de lima.

SERVIR EN:
MARGARITA OR
LARGE WINE

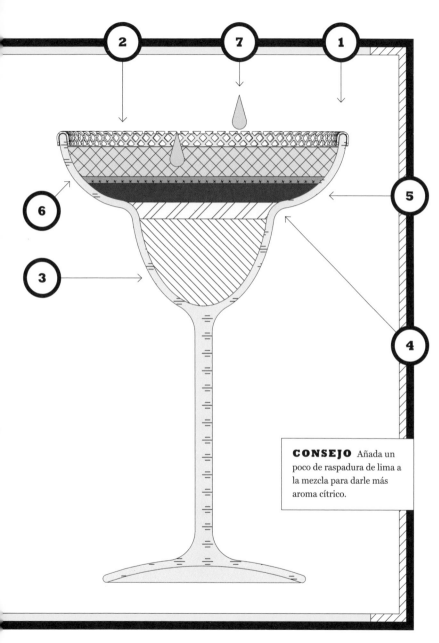

CONSEJO Añada un poco de raspadura de lima a la mezcla para darle más aroma cítrico.

GOLDEN SHOWER

El tequila dorado y unas gotas de zumo de naranja suben el clásico tono pálido de este cóctel y le confieren un color amarillo vivo. Algo menos ácida que la Margarita habitual, también puede prepararse en jarra, ideal para una fiesta.

INGREDIENTES

1	media rodaja de lima	para escarchar
2	sal marina	para escarchar
3	tequila oro	45 ml
4	licor de naranja	15 ml
5	zumo de lima, recién exprimido	30 ml
6	zumo de limón, recién exprimido	30 ml
7	zumo de naranja	unas gotas
8	espiral de cáscara de naranja	para decorar

UTENSILIOS Coctelera, colador, platito para escarchar

ELABORACIÓN Humedezca el borde de una copa refrigerada con la lima y luego páselo por la sal. Añada todos los ingredientes (excepto la decoración) a la coctelera llena de hielo, agite vigorosamente y luego cuele en la copa. Decore con la espiral de piel de naranja.

SERVIR EN:
COPA MARGARITA
O DE VINO

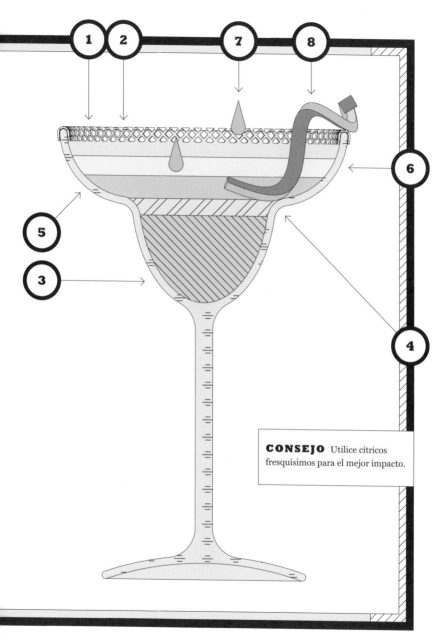

CONSEJO Utilice cítricos fresquísimos para el mejor impacto.

MARGARITA HELADA DE MANGO

Los mangos deben ser bien maduros, blandos y aromáticos para que esta receta quede perfecta. El mango es un compañero ideal del tequila, y la sal marina acentúa su sabor.

INGREDIENTES

1	tequila plata	30 ml
2	mango fresco, pelado	½
3	zumo de lima, recién exprimido	30 ml
4	licor triple seco	15 ml
5	sirope de agave	15 ml
6	sal marina	una pizca
7	copos de chile seco	una pizca
8	media rodaja de lima	para decorar

UTENSILIOS Batidora

ELABORACIÓN Añada todos los ingredientes (excepto el chile y la lima) al vaso de la batidora junto con una buena cucharada de hielo picado y triture. Viértalo en la copa, espolvoree con el chile y decore con la lima.

SERVIR EN:
COPA MARGARITA
O DE VINO

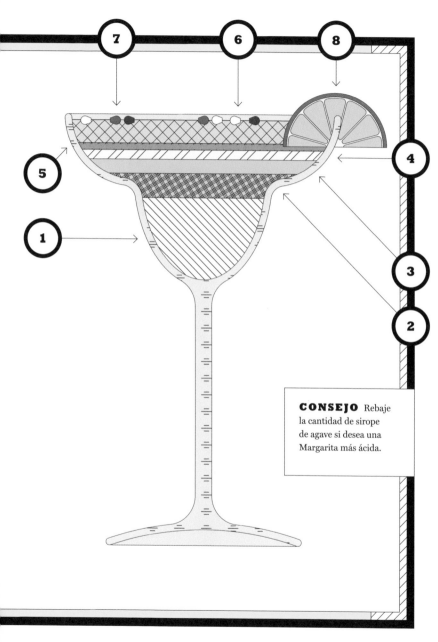

CONSEJO Rebaje la cantidad de sirope de agave si desea una Margarita más ácida.

LARGARITA

Cuando se unen dos ingredientes deliciosos surge algo fantástico. La Largarita posee la clásica base de la Margarita culminada con una suave y burbujeante cerveza. Ideal para barbacoas en el patio.

INGREDIENTES

1	mezcal	60 ml
2	licor de naranja	27½ ml
3	zumo de lima, recién exprimido	30 ml
4	cerveza mexicana	120 ml
5	rodaja de lima	para decorar

UTENSILIOS Coctelera y colador

ELABORACIÓN Ponga el mezcal, el licor de naranja y el zumo de lima en la coctelera llena de hielo. Agite vigorosamente hasta que se condense de frío, cuele en un vaso refrigerado y acabe de llenarlo con cerveza. Decore con una rodaja de lima.

SERVIR EN:
VASO LARGO

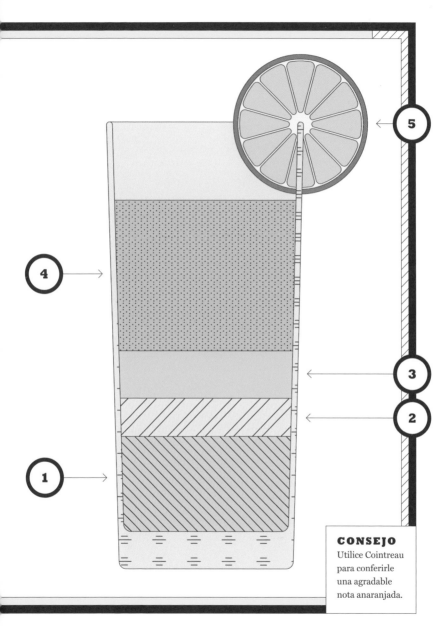

CONSEJO
Utilice Cointreau
para conferirle
una agradable
nota anaranjada.

LOS AFRUTADOS

EL PARTENAIRE ORIGINAL DEL TEQUILA ES EL ZUMO DE CÍTRICO: UN CHORRITO FRESCO DE LIMA, LIMÓN Y POMELO, Y SU CÁSCARA ÁCIDA, ELEVAN EL LICOR A OTRO NIVEL.

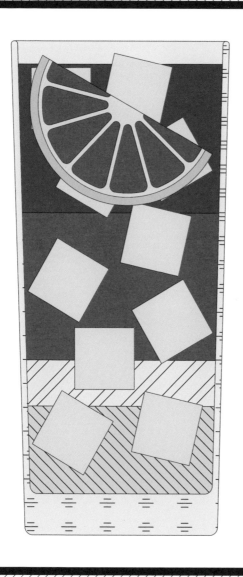

TEQUILA SPRITZ

Esta bebida con fruta chafada y soda es el verano metido en un vaso (sin las quemaduras del sol ni las picaduras de mosquito). La suavidad del tequila oro, una mezcla vibrante de cítricos y fresas maduras: un equilibrio perfecto entre dulzor y acidez, y refrescante soda.

INGREDIENTES

1	fresas grandes	4
2	sirope básico (página 38)	15 ml
3	tequila oro	45 ml
4	zumo de lima, recién exprimido	½
5	zumo de limón, recién exprimido	½
6	zumo de naranja, recién exprimido	1
7	soda	para llenar
8	fresa	para decorar

UTENSILIOS Majadero, cuchara coctelera

ELABORACIÓN Chafe las fresas en un vaso con el sirope. Llene el vaso hasta tres cuartos de capacidad con hielo picado y vierta encima el tequila y los zumos. Mézclelo todo con la cuchara y acabe de llenar con soda. Decore con una fresa.

SERVIR EN:
VASO LARGO

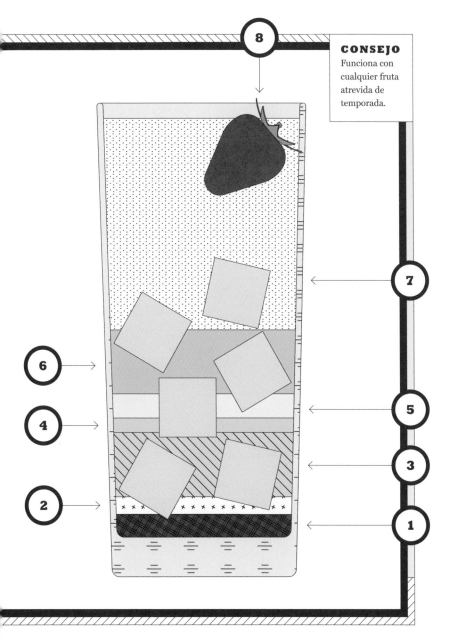

CONSEJO
Funciona con cualquier fruta atrevida de temporada.

FIZZ HELADO DE SANDÍA

Imagine sandía bien fría triturada en un cóctel helado tipo granizado cargadito de alcohol. El Fizz Helado de Sandía incluye tónica para acentuar su viveza. Sírvalo con trozos de sandía empapados en tequila, ¿por qué no?

INGREDIENTES

1	tequila plata	45 ml
2	zumo de lima, recién exprimido	15 ml
3	licor triple seco	15 ml
4	sirope de agave	15 ml
5	trozos de sandía pelada	un puñado
6	tónica	para llenar
7	trozo de sandía	para decorar

UTENSILIOS Batidora

ELABORACIÓN Triture los ingredientes (excepto la tónica y la decoración) con una cucharadita de hielo picado. Vierta la mezcla en un vaso y acabe de llenar con tónica. Decore con un trozo de sandía.

SERVIR EN:
VASO LARGO

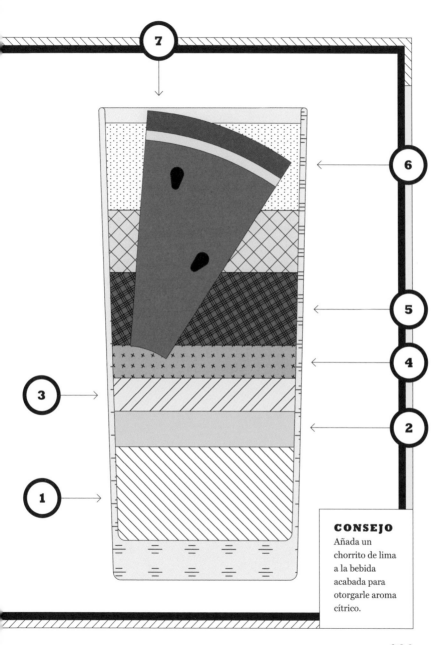

CONSEJO
Añada un chorrito de lima a la bebida acabada para otorgarle aroma cítrico.

SUNBURN

Este cóctel de color rubí posee un punto seco, para adultos, subrayado con el zumo de arándano rojo y naranja sanguina, y suavizado con tequila dorado. Es ideal como bebida para tomar sola.

INGREDIENTES

1	tequila oro	37 ½ ml
2	licor de naranja	15 ml
3	zumo de naranja sanguina, recién exprimido	60 ml
4	zumo de arándano rojo	60 ml
5	media rodaja de naranja sanguina	para decorar

UTENSILIOS Cuchara coctelera

ELABORACIÓN Ponga todos los ingredientes (excepto la decoración) en un vaso lleno de hielo. Remueva bien y añada la media rodaja de naranja sanguina.

SERVIR EN:
VASO LARGO

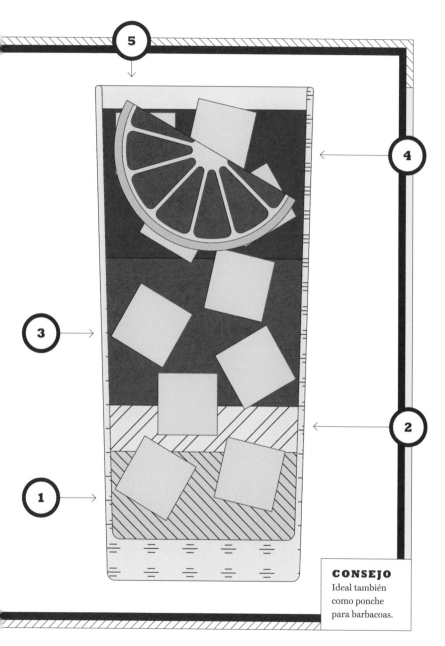

CONSEJO
Ideal también como ponche para barbacoas.

TIKI TEQUILA

La cultura tiki –producto que debemos a los bármanes norteamericanos populares de las décadas de los cuarenta y cincuenta–, inspirada vagamente en los relieves polinesios, es una forma artística apreciada en el mundo del cóctel. Esta receta es un guiño al cóctel tiki original, el Mai Tai, y se elabora con tequila plata y agua de azahar. Añada tanta decoración hortera como desee.

INGREDIENTES

1	tequila plata	45 ml
2	curasao	15 ml
3	licor de albaricoque	15 ml
4	zumo de piña, recién exprimido	60 ml
5	zumo de lima, recién exprimido	15 ml
6	agua de azahar	unas gotas
7	granadina	unas gotas
8	hoja y trozo de piña	para decorar

UTENSILIOS Coctelera y colador

ELABORACIÓN Ponga todos los ingredientes (excepto la decoración) en la coctelera llena de hielo, agite vigorosamente y luego cuélelo en un vaso lleno de hielo. Decore con una hoja y un trozo de piña.

SERVIR EN:
VASO TIKI

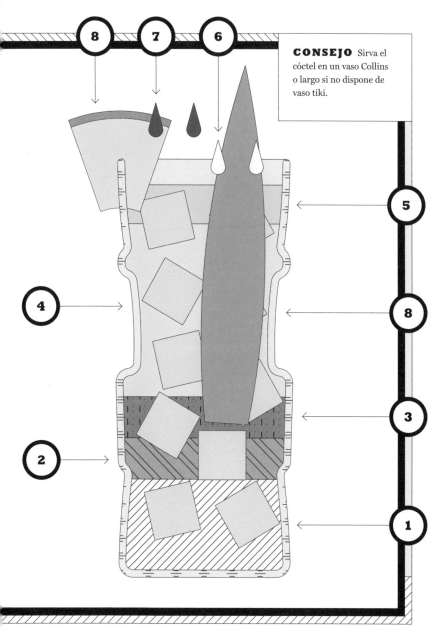

CONSEJO Sirva el cóctel en un vaso Collins o largo si no dispone de vaso tiki.

SPEED RUNNER

Este cóctel de dos colores es exageradamente afrutado y de sabor complejo, con fresas frescas, aroma de plátano y tequila oro rematado con ron. ¿Le van los combinados tipo Daiquiri o Piña Colada? Este será su nuevo favorito.

INGREDIENTES

1	tequila oro	45 ml
2	fresas	60 g
3	licor de plátano	22 ½ ml
4	licor de moras	22 ½ ml
5	zumo de lima, recién exprimido	15 ml
6	ron oscuro	15 ml
7	rodajas de fresa	para decorar

UTENSILIOS Batidora

ELABORACIÓN Añada el tequila, las fresas, los licores de plátano y moras y el zumo de lima en el vaso de la batidora con una cucharada de hielo picado. Triture hasta que se mezcle bien. Páselo a una copa y con cuidado vierta el ron de modo que quede flotando encima. Decore con rodajitas de fresa.

SERVIR EN:
COPA DE VINO
GRANDE

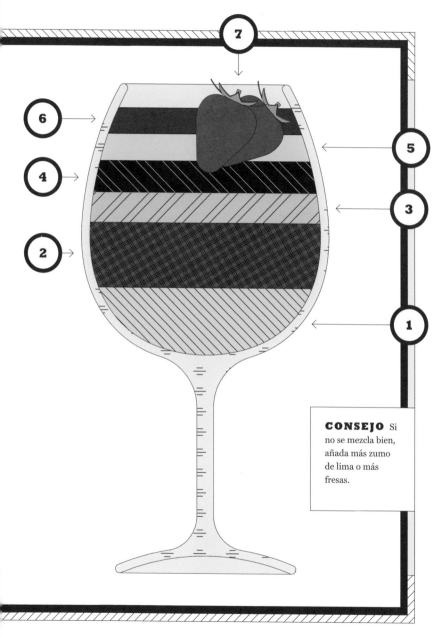

CONSEJO Si no se mezcla bien, añada más zumo de lima o más fresas.

PIÑA TEQUILA

El clásico cóctel con sabor a coco, animado con tequila plata y una cantidad embarazosa de sombrillitas de papel, monos de plástico y pajitas retorcidas.

INGREDIENTES

1	tequila plata	37 ½ ml
2	ron de coco	15 ml
3	zumo de piña, recién exprimido	60 ml
4	zumo de naranja, recién exprimido	30 ml
5	zumo de lima, recién exprimido	15 ml
6	trozo de piña	para decorar

UTENSILIOS Coctelera y colador

ELABORACIÓN Ponga todos los ingredientes (excepto la decoración) en la coctelera llena de hielo y agite vigorosamente hasta que se enfríen. Cuele en un vaso lleno de hielo. Decore con el trozo de piña.

SERVIR EN:
VASO LARGO

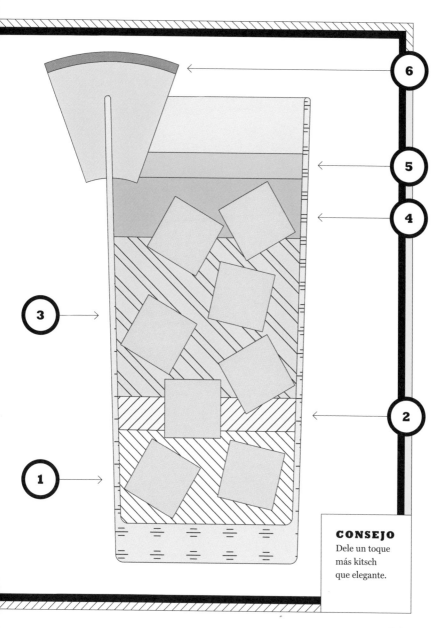

CONSEJO
Dele un toque
más kitsch
que elegante.

MINTBERRY TULEP

Un cóctel turbio, con arándanos y menta, que sube el ánimo (y el nivel de alcoholemia). Superfresco, afrutado y rematado con la sedosidad del tequila dorado.

INGREDIENTES

1	hojas de menta fresca	6
2	arándanos	6
3	tequila oro	60 ml
4	zumo de lima, recién exprimido	30 ml
5	sirope básico con demerara (página 38)	unas gotas
6	una ramita de menta	para decorar

UTENSILIOS Majadero, coctelera y colador

ELABORACIÓN Chafe la menta con los arándanos en la coctelera, luego añada el resto de ingredientes (excepto la decoración). Llene con cubitos y agite vigorosamente. Cuele en un vaso julep lleno de hielo picado y decore con la ramita de menta.

SERVIR EN:
VASO JULEP

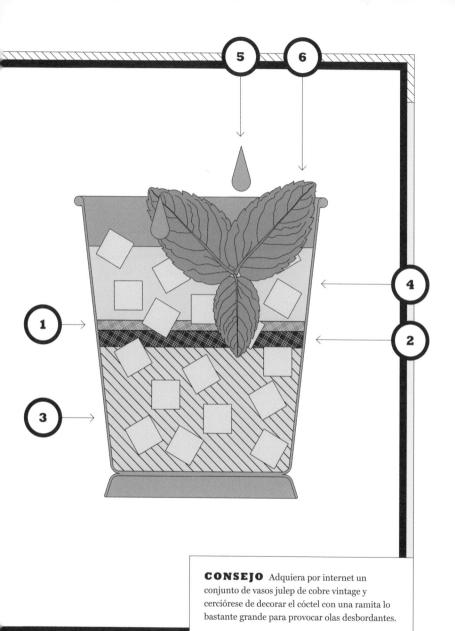

CONSEJO Adquiera por internet un conjunto de vasos julep de cobre vintage y cerciórese de decorar el cóctel con una ramita lo bastante grande para provocar olas desbordantes.

CEREZADE

Mazapán y mermelada hechos cóctel. Tequila dorado, zumo de cereza de color rubí, cítricos maduros y un poco de licor de almendras. Acabe de llenar el vaso con limonada ácida para un toque más dulce o bien con soda fría para una bebida más refrescante.

INGREDIENTES

1	rodaja de naranja	1
2	rodaja de limón	1
3	mezcal	45 ml
4	zumo de cereza	30 ml
5	sirope básico (página 38)	15 ml
6	licor de almendras	15 ml
7	bíter de Angostura	unas gotas
8	limonada	para llenar

UTENSILIOS Majadero, coctelera, colador y cuchara coctelera

ELABORACIÓN Chafe las rodajas de naranja y limón en la coctelera y llénela de hielo. Añada el mezcal, el zumo de cereza, el sirope, el licor de almendra y el bíter. Agite bien para que se enfríe todo. Cuele en un vaso con hielo y acabe de llenar con limonada. Remueva con cuidado con la cuchara coctelera.

SERVIR EN:
VASO LARGO
O COLLINS

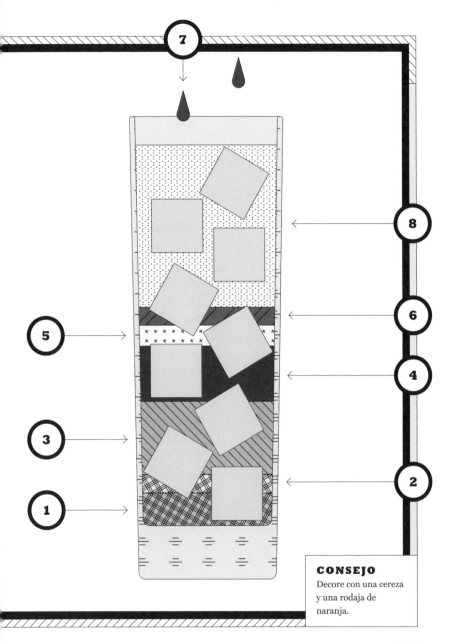

CONSEJO
Decore con una cereza
y una rodaja de
naranja.

LOS PICANTES

¿HACE CALOR? EL PRINCIPAL LICOR MEXICANO COMBINA A LA PERFECCIÓN CON UN PUNTO DE PICANTE. A LA SALUD DEL TEQUILA CON CHILE, JALAPEÑO Y JENGIBRE, POR CALDEAR EL AMBIENTE.

GINGER SNAP

El tequila y el jengibre son una combinación para dormir hasta mediodía. Esta propuesta celebra ambos sabores y añade un toque picante. Es dulce, especiada, ácida y aromática, todo a la vez. Cambie el tequila por mezcal si desea un sabor más intenso y áspero.

INGREDIENTES

1	limón	½
2	jengibre confitado	1 rodaja
3	jalapeño	2 rodajitas finas
4	tequila oro	45 ml
5	sirope de agave	7 ½ ml
6	bíter de Angostura	unas gotas
7	cerveza de jengibre	90 ml
8	media rodaja de limón	para decorar

UTENSILIOS Majadero, cuchara coctelera

ELABORACIÓN Corte el medio limón en rodajas y cháfelo junto con el jengibre y el jalapeño en un vaso. Añada el tequila, el sirope de agave y el bíter y llene hasta la mitad con hielo picado. Remuévalo todo bien y acabe de llenar con cerveza de jengibre. Agregue más hielo y remueva una sola vez con la cuchara coctelera. Exprima media rodaja de limón encima y añádala al vaso para decorar.

SERVIR EN:
VASO LARGO

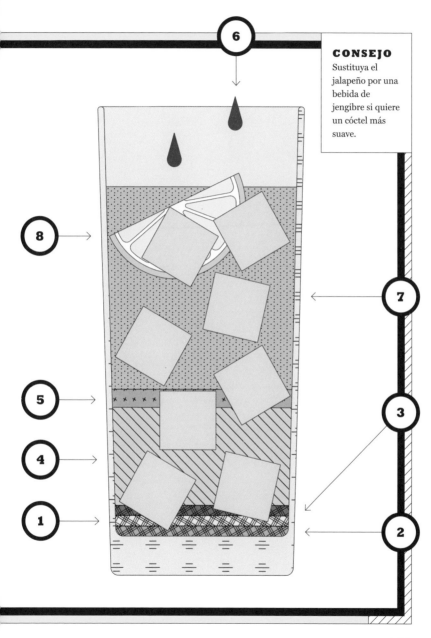

6

CONSEJO
Sustituya el
jalapeño por una
bebida de
jengibre si quiere
un cóctel más
suave.

8

7

5

3

4

1

2

109

PERKY PEAR

Esta bebida afrutada de jengibre, tipo postre, es una de mis preferidas para el otoño: excelente como cóctel individual o para un ponche. Funciona con zumo de pera embotellado, pero lo mejor es utilizar trozos jugosos de pera madura, pelados y triturados con hielo. Opte por unas peras bien firmes.

INGREDIENTES

1	tequila plata	45 ml
2	trozos de pera madura, pelados	un puñado
3	zumo de lima, recién exprimido	15 ml
4	bíter de cardamomo	unas gotas
5	cerveza de jengibre	para llenar
6	media rodaja de lima	para decorar
7	un trozo de pera	para decorar

UTENSILIOS Batidora, colador

ELABORACIÓN Ponga el tequila, los trozos de pera, el zumo de lima y el bíter en el vaso de la batidora con 3-4 cubitos de hielo, y triture. Cuele en un vaso con hielo y llene con cerveza de jengibre. Exprima media rodaja de lima sobre la bebida y disponga un trozo de pera dentro.

SERVIR EN:
VASO LARGO

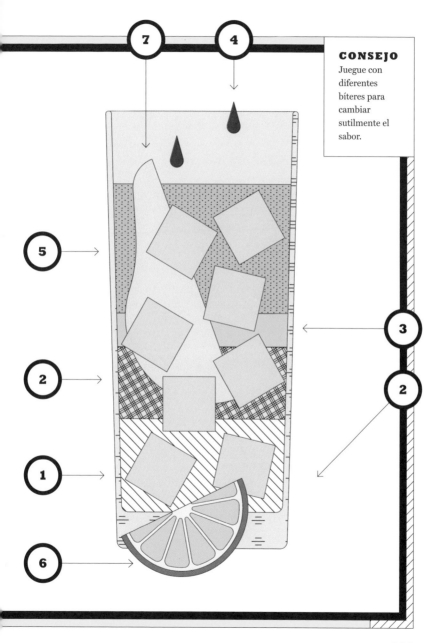

CONSEJO
Juegue con diferentes bíteres para cambiar sutilmente el sabor.

EL DIABLO

¿Está que se sale? El Diablo se encarga. Es una de las recetas con tequila más icónicas, y con razón: es deliciosa y posee un toque sutilmente picante. Lima madura chafada, suave tequila dorado, un poco de licor de moras y la fogosidad del ginger-ale. Sírvalo con hielo picado, media rodaja de lima y una sonrisa pícara.

INGREDIENTES

1	lima	¾
2	tequila oro	37 ½ ml
3	licor de moras	15 ml
4	ginger-ale	120 ml
5	media rodaja de lima	para decorar

UTENSILIOS Majadero, cuchara coctelera

ELABORACIÓN Corte la lima en cuñas y cháfela en un vaso julep o un tarro de mermelada, y luego llénelo con hielo hasta tres cuartos de su capacidad. Vierta el tequila y el licor de moras, remueva para que se mezcle y acabe de llenar con ginger-ale. Añada más hielo picado y media rodaja de lima.

SERVIR EN:
VASO JULEP O
TARRO DE MERMELADA

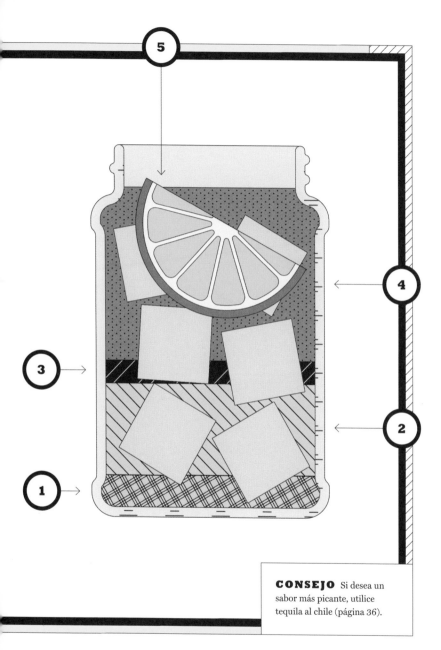

CONSEJO Si desea un sabor más picante, utilice tequila al chile (página 36).

COSMOPOLITAN DE GRANADA

La reputación del tradicional Cosmopolitan ha ido a la baja: su ferviente popularidad en la década de los noventa lo convierte hoy en una bebida casi retro. Este cóctel con reposado y granada es una versión contemporánea que conserva todo su encanto. Sírvalo bien frío.

INGREDIENTES

1	medias rodajas de lima	3
2	tequila reposado	37 ½ ml
3	licor de naranja	15 ml
4	zumo de arándanos rojos	30 ml
5	zumo de granada	30 ml
6	semillas de granada	para decorar

UTENSILIOS Majadero, coctelera y colador

ELABORACIÓN Chafe la lima en la coctelera, llénela con hielo triturado y añada el resto de ingredientes (excepto la decoración). Agite vigorosamente y luego cuele en una copa refrigerada. Esparza unas semillas de granada por encima.

SERVIR EN:
COPA MARTINI

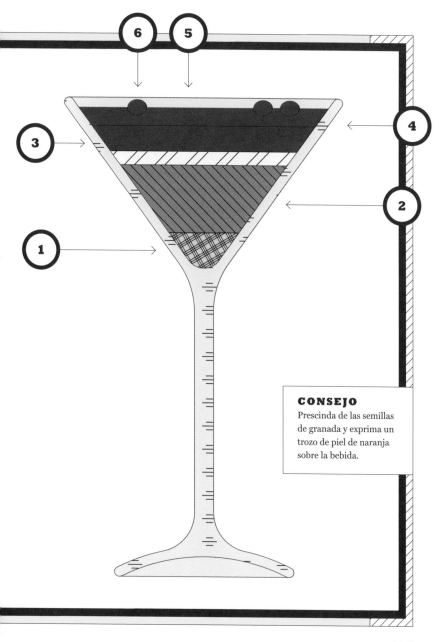

CONSEJO
Prescinda de las semillas de granada y exprima un trozo de piel de naranja sobre la bebida.

TÉ HELADO DE AGAVE

Imagine la taza de té más deliciosa que haya probado jamás. Ahora, imagínesela con tequila, lima y sirope de agave. Alucinante, ¿verdad? Esta receta retocada de té helado incluye tequila y ron dorados y ginger-ale con un poco de dulzor del agave.

INGREDIENTES

1	tequila oro	15 ml
2	vodka	15 ml
3	ron dorado	15 ml
4	licor triple seco	15 ml
5	zumo de lima, recién exprimido	15 ml
6	sirope de agave	15 ml
7	ginger-ale	para llenar
8	media rodaja de lima	para decorar

UTENSILIOS Coctelera y colador

ELABORACIÓN Ponga el tequila, el vodka, el ron, el triple seco y el zumo de lima en la coctelera con hielo y agite hasta que se forme espuma y se enfríe. Cuele en un vaso con hielo. Acabe de llenar con ginger-ale y decore con media rodaja de lima exprimida encima.

SERVIR EN:
VASO LARGO

116

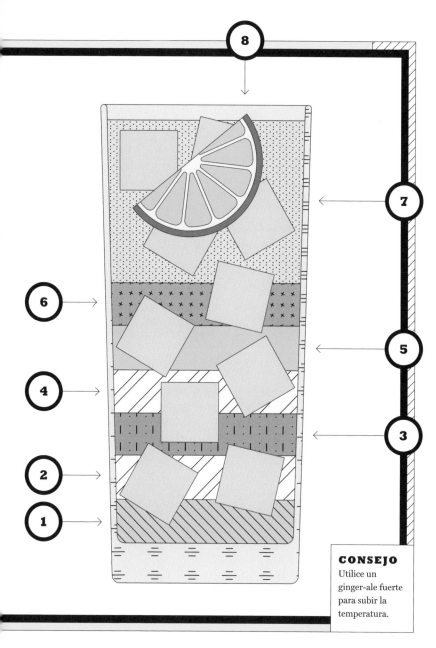

CONSEJO
Utilice un
ginger-ale fuerte
para subir la
temperatura.

LOS CHUPITOS

EL TEQUILA DE CALIDAD ESTÁ
ESTRICTAMENTE PENSADO PARA DEGUSTARLO,
PERO EN OCASIONES LO MEJOR ES TIRARSE A
LA PISCINA Y TRAGARLO DE UN GOLPE.
PRESENTAMOS LOS CHUPITOS.

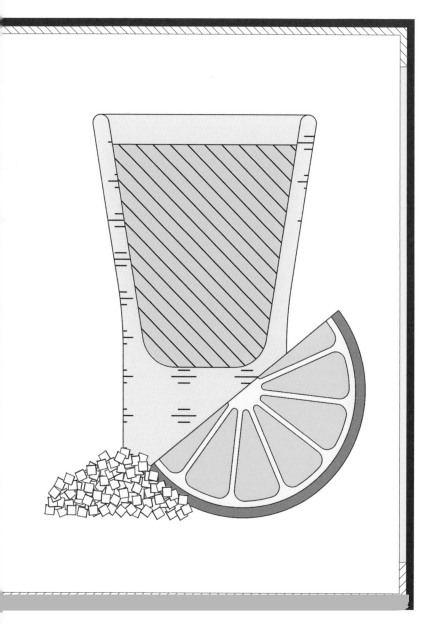

HEAD LIKE A HOLE

Este precoz chupito resulta sorprendentemente delicioso, pero entraña una potencia picante que le dejará un hormigueo en los labios. Es dulce, fuerte y casi incómodamente acre, aunque nunca tomará solo uno. Vigile porque le hará crecer pelo en el pecho.

INGREDIENTES

1	{	sambuca blanco	15 ml
2	{	mezcal, sacado del congelador	15 ml
3	{	salsa picante	3 gotas

ELABORACIÓN Sirva el licor de Sambuca en un vaso de chupito, luego con cuidado añada el tequila frío para que repose encima formando una capa diferenciada. Agregue 3 gotas de salsa picante. Tómelo de un golpe.

SERVIR EN:
VASO DE CHUPITO

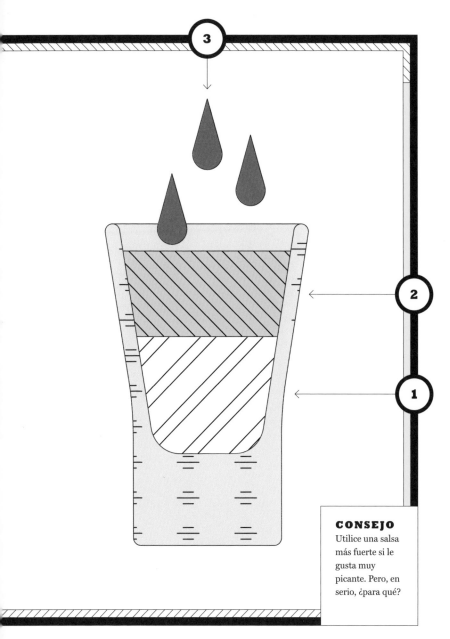

CONSEJO
Utilice una salsa
más fuerte si le
gusta muy
picante. Pero, en
serio, ¿para qué?

LICK DRINK BITE

Una de las maneras más habituales de tomar tequila, si bien muchos lo hacen al revés. Se trata de lamer la sal (*lick*), tomar el tequila (*drink*) y morder la fruta (*bite*). Congele el tequila para conseguir un chupito helado y de sabor menos fuerte.

INGREDIENTES

1	tequila oro	30 ml
2	sal marina	una buena pizca
3	media rodaja de lima o naranja sanguina	1 por chupito

ELABORACIÓN Sirva un chorrito de tequila en un vaso de chupito. Póngase un poco de sal en el dorso de la mano. Primero, lama la sal; luego, trague el tequila, y finalmente, chupe la lima.

SERVIR EN:
VASO DE CHUPITO

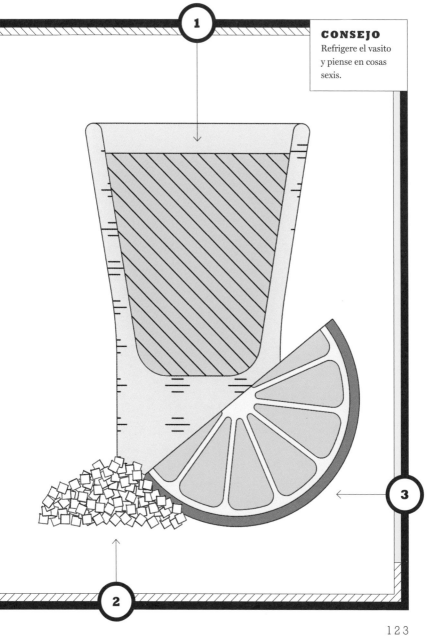

CONSEJO
Refrigere el vasito y piense en cosas sexis.

123

SANGRITA

Este chupito se usa tradicionalmente para acompañar el tequila, y existen cientos de recetas de sangrita, todas con base de jugo de tomate y granadina. Esta versión picante puede prepararse con antelación y conservarse en el frigorífico: es perfecta para chupitos y Bloody «Marías».

INGREDIENTES

1	zumo de tomate	450 ml
2	Clamato	450 ml
3	lima, recién licuada	½
4	naranja, recién licuada	½
5	Tabasco	unas gotas
6	salsa Worcestershire	unas gotas
7	granadina	unas gotas
8	salsa de soja	unas gotas
9	rábano picante	½ cucharadita
10	chile verde, picado	1
11	sal y pimienta	para aderezar

UTENSILIOS Botella de cristal con tapón hermético

ELABORACIÓN Mezcle todos los ingredientes, embotelle la mezcla y guárdela en el frigorífico al menos 24 horas. Sírvala fría en un vaso de chupito junto con un buen tequila solo.

SERVIR EN:
VASO DE CHUPITO

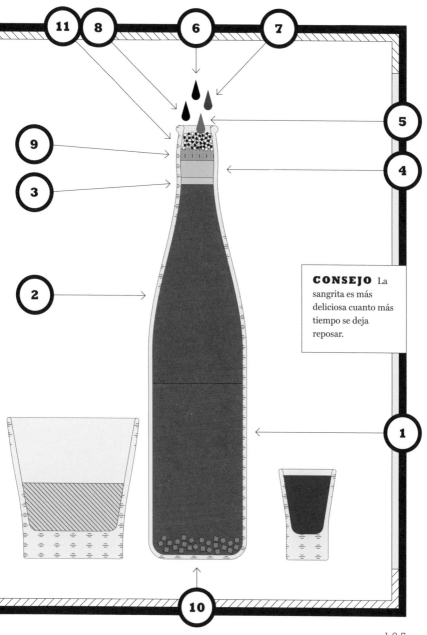

CONSEJO La sangrita es más deliciosa cuanto más tiempo se deja reposar.

EL BOILERMAKER

Hay dos formas de beber el Boilermaker: una, con calma y refinamiento; la otra, drástica y descuidada, en cuestión de segundos. Ambas son deliciosas. Sirva todos los ingredientes bien fríos.

INGREDIENTES

1	media rodaja de lima	para escarchar
2	sal aromatizada (página 39)	2-3 cucharaditas, para escarchar
3	sangrita (página 124)	30 ml
4	cerveza (mexicana u otra clase)	botellín de 330 ml
5	mezcal	37 ½ ml

UTENSILIOS Coctelera, colador, platito para escarchar

ELABORACIÓN Humedezca el borde de un vaso refrigerado con la lima y luego páselo por la sal. Vierta la sangrita en el vaso frío. Llene con cerveza muy fría hasta dos tercios de la capacidad del vaso y luego vierta el mezcal en un vaso de chupito. Puede echar el vaso de chupito en la cerveza y beber, o bien sorber de forma responsable ambas bebidas levantando el meñique.

SERVIR EN:
VASO LARGO
Y DE CHUPITO

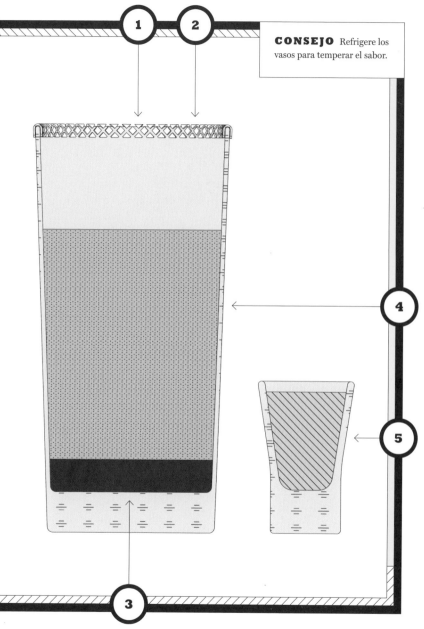

CONSEJO Refrigere los vasos para temperar el sabor.

LOS PONCHES

HAY ALGO BRILLANTEMENTE RETRO EN
LAS BEBIDAS COMUNALES, DESDE LOS
PONCHES DE INSTITUTO CARGADITOS
DE ALCOHOL DE LAS PELIS DE LOS
OCHENTA HASTA LAS ENORMES
PONCHERAS DE LOS BARES
TEMÁTICOS DE LOS NOVENTA.
ENCUENTRE AQUÍ ALGUNAS
DE LAS MEJORES.

SANGRÍA DE PATIO

Una adaptación deliciosa de la receta clásica de sangría, con tequila dorado, jarabe de flor de saúco, vino y una ingente cantidad de bayas y rodajas de cítricos.

INGREDIENTES

1	tequila oro	60 ml
2	zumo de naranja, recién exprimido	30 ml
3	zumo de piña, recién licuado	30 ml
4	jarabe de flor de saúco	30 ml
5	sirope de agave (o sirope básico, página 38)	30 ml
6	vino tinto, blanco o rosado	1 botella
7	rodajas de naranja sanguina	para decorar
8	rodajas de limón	para decorar
9	bayas de temporada	para decorar

UTENSILIOS Jarra de vidrio, cuchara coctelera

ELABORACIÓN Llene una jarra con hielo y vierta en ella todos los ingredientes, incluidas las decoraciones de fruta y bayas. Remueva a conciencia.

SERVIR EN:
VASO CORTO
O TAZA DE PONCHE

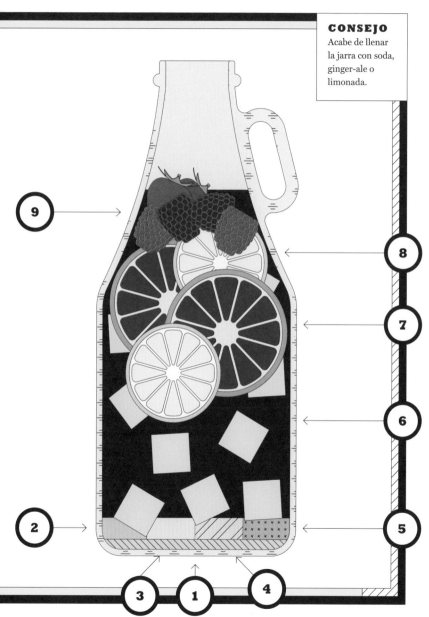

9

8

7

6

2

5

3

1

4

TANGERINE DREAMS

Un montón de tangerinas machacadas flotando en una laguna de tequila, Aperol y soda fría. Delicioso, aromático y adictivo. Este ponche de Aperol, tipo Spritz, es idóneo para las fiestas veraniegas.

INGREDIENTES

1	Aperol	200 ml
2	tequila reposado	200 ml
3	tangerinas, recién licuadas	7
4	soda	300 ml
5	gajos de tangerina	para decorar

UTENSILIOS Jarra de vidrio, cuchara coctelera

ELABORACIÓN Vierta el Aperol, el tequila y el zumo de tangerina en una jarra grande llena de hielo. Remueva antes de agregar la soda y añadir los gajos de tangerina. Agite con cuidado para que se mezcle bien.

SERVIR EN:
VASO O TAZA
DE PONCHE

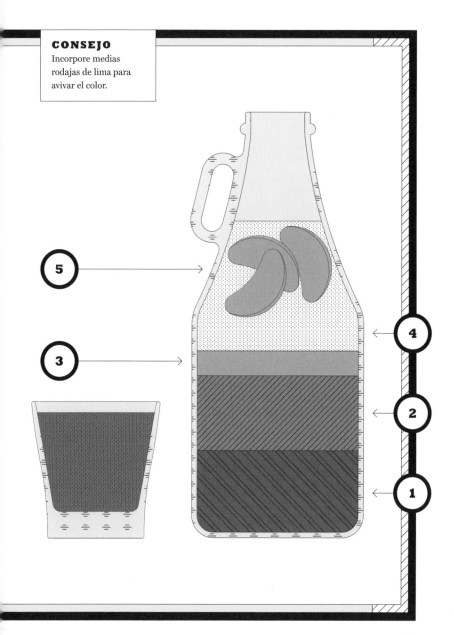

5

3

4

2

1

LOS CALENTITOS

NO SOLO SE TRATA DE MAJAR BAYAS Y CHAFAR LIMAS: EL TEQUILA ES EL LICOR IDEAL PARA ANIMAR BEBIDAS CALIENTES, DESDE UN PONCHE CALIENTE HASTA UN CHOCOLATE CALIENTE QUE LE VAN A QUITAR EL HIPO.

TEQUILA TODDY

Una vuelta de tuerca muy muy fuerte del Toddy o clásico ponche caliente, donde cambiamos el whisky por tequila aromatizado con canela y endulzado con miel y agave. Si esta maravillosa medicina no le cura el resfriado invernal, al menos no lo notará tanto.

INGREDIENTES

1	tequila a la canela (página 36)	60 ml
2	miel	7 ½ g
3	sirope de agave	7 ½ ml
4	zumo de limón, recién exprimido	22 ½ ml
5	ramita de canela	1
6	clavos de olor	2
7	agua caliente	120 ml
8	rodaja de naranja deshidratada	para decorar

ELABORACIÓN Ponga todos los ingredientes (excepto la decoración) en una taza o vaso. Remuévalos bien, luego deje reposar unos minutos antes de servir con una rodaja de naranja seca.

SERVIR EN:
TAZA DE CRISTAL
RESISTENTE
AL CALOR

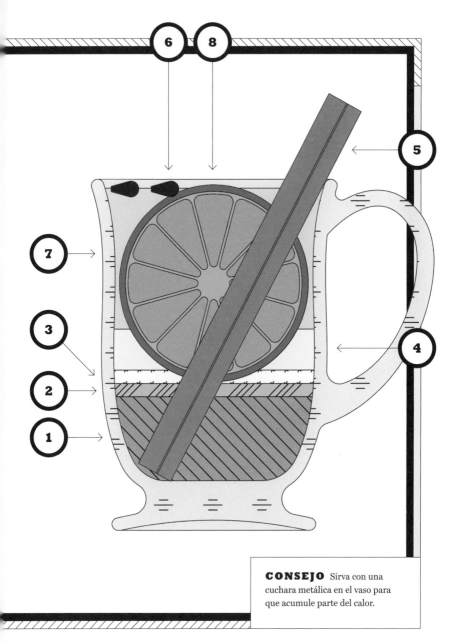

CONSEJO Sirva con una cuchara metálica en el vaso para que acumule parte del calor.

CHOCOLATE MEXICANO

Este chocolate a la taza con alcohol es dulce y rico, y posee un toque picante y un aroma embriagador. El cardamomo no es, claro está, un sabor particularmente mexicano, pero resulta un añadido delicioso.

INGREDIENTES

1	leche	200-250 ml
2	chocolate negro	3 onzas
3	cacao en polvo	1 cucharada
4	azúcar moreno	1 cucharadita
5	vaina de cardamomo, chafada	1
6	cayena molida	una pizca
7	mezcal (o tequila al chile, página 39, si le apetece)	60 ml
8	nata montada	para decorar
9	chocolate rallado	para decorar

UTENSILIOS Cazo

ELABORACIÓN Caliente la leche en un cazo y añada el chocolate, el cacao, el azúcar, el cardamomo y la cayena. Siga calentándolo hasta que todos los ingredientes se mezclen bien. Vierta el mezcal en una taza y agregue el chocolate caliente. Decore con la nata montada y el chocolate rallado (y más cayena, si lo desea).

SERVIR EN:
TAZA

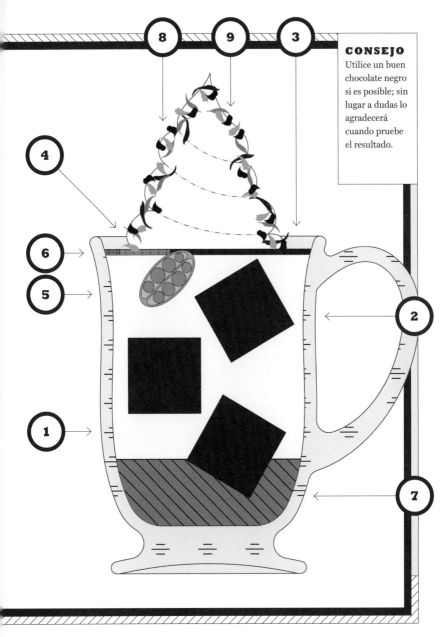

CONSEJO

Utilice un buen chocolate negro si es posible; sin lugar a dudas lo agradecerá cuando pruebe el resultado.

4

6

5

2

1

7

139

ÍNDICE

ACERCA DE DAN JONES

Es uno de los creadores de cócteles más prolífico del mundo, escritor y editor. Vive en Londres y es el autor de *Gin: Mezclar, agitar, remover* y *Ron: Mezclar, agitar, remover*. Se define como una persona hogareña y conoce bien el arte de preparar bebidas en casa, donde le encanta recibir a los amigos y donde constantemente estudia técnicas de coctelería y prueba nuevas recetas.